HISTOIRE

DES

FEMMES ÉCRIVAINS

DE LA FRANCE

PAR

HENRI CARTON

Illustré de six Portraits

PARIS

A. DUPRET, ÉDITEUR

3, RUE DE MÉDICIS, 3

—

1886

HISTOIRE
DES
FEMMES ÉCRIVAINS
DE LA FRANCE

HISTOIRE

DES

FEMMES ÉCRIVAINS

DE LA FRANCE

PAR

HENRI CARTON

Illustré de six Portraits

PARIS

A. DUPRET, ÉDITEUR
3, RUE DE MÉDICIS, 3

1886

HISTOIRE

DES

FEMMES ÉCRIVAINS

DE LA FRANCE

CHAPITRE PREMIER

INTRODUCTION

Utilité et intérêt particulier de cette étude. — Elle éclaire l'ensemble de notre histoire littéraire. — L'influence exercée par les femmes dans les lettres grandit avec les progrès de la civilisation moderne. — La place qu'elles ont occupée à Athènes et à Rome. — Témoignage de Plutarque. — Respect particulier des Gaulois pour leurs femmes. — Motifs de ce respect, et influence qu'il accorde aux femmes dans ces temps barbares

Les histoires complètes de la littérature française ne manquent pas. Notre siècle de critique principalement en a vu naître un grand nombre qui jouissent d'un réel et légitime succès ; plusieurs sont de véritables chefs-d'œuvre de patience et d'érudition, non moins que d'élégance et de clarté.

Loin de nous donc la téméraire prétention de vouloir, comme l'on dit, « combler une lacune. »

Il y a cependant un charme si doux à rechercher la part qui revient, dans le domaine de l'intelligence, au sexe que l'on appelle faible, mais qui est bien le plus fort par la grâce, quand il ne l'est pas par l'esprit, que cette partie de notre histoire littéraire ne peut être considérée, sans injustice, comme la moins intéressante.

Nous savons qu'on s'est plu, trop souvent peut-être, à affirmer l'infériorité des femmes dans les œuvres intellectuelles. Un grand nombre d'écrivains, même de leur sexe, ont accepté, sans plus de contrôle, cette affirmation comme un axiome. L'histoire cependant constate de nombreuses et brillantes exceptions, notamment en France.

Il semble même que l'étude particulière de ces exceptions doive répandre une sorte de lumière générale sur l'ensemble de la littérature ; car, si la femme a souvent moins d'originalité personnelle, elle possède, au contraire, à un degré supérieur, le don d'assimilation, — c'est une conséquence nécessaire de sa nature plus délicate, — et, par suite, ses écrits sont presque toujours le reflet le plus sincère du goût, des traits communs et des tendances littéraires des meilleurs esprits de son époque. C'est précisément ce qui fait que, dans la plupart des révolutions que l'on signale dans la république des lettres, le premier rôle appartient généralement aux femmes.

Il y a un peu plus de vingt ans, M. Ch. de Mazade écrivait dans la *Revue des Deux Mondes* :
« Un des plus curieux et des plus piquants cha-
« pitres de l'histoire du monde serait celui qui
« retracerait dans sa grâce et dans ses métamor-
« phoses la puissance souveraine des femmes.
« Les hommes ont cru se réserver un domaine
« privilégié, celui de l'action. En réalité, les
« femmes ne sont étrangères à rien de ce qui
« s'agite, ni à la politique, ni aux arts, ni à la
« littérature ; et dans la vie sociale elles sont
« reines. Elles règnent et même elles gouver-
« nent. Leur empire commence là où la passion
« vient se mêler aux affaires humaines, et il finit

« là où la passion cesse d'être le tout-puissant
« mobile : il est sans limites connues, comme la
« vie..... Elles ne font pas les lois, elles font les
« mœurs sans lesquelles les lois ne sont rien.....
« Elles n'ont jamais été de l'Académie, et elles
« ont toujours fait les académiciens. Quelques-
« unes ont été de grands écrivains sans le savoir
« et ont poussé jusqu'au génie l'éloquence du
« cœur, la finesse de l'esprit, la sagacité du ju-
« gement, l'art de grouper tout un monde autour
« d'elles. Rien ne manque à cette souveraineté
« charmante..... Ce n'est peut-être pas l'histoire
« de toutes les sociétés, c'est du moins l'histoire
« de notre société française,..... si impression-
« nable et si nerveuse, de cette société où les
« femmes ont régné, les unes par une invisible
« action, les autres par l'essor d'une personna-
« lité brillante. »

— Reconnaissons toutefois que l'influence exercée par les femmes, soit dans l'ensemble de la vie sociale, soit particulièrement dans la littérature, a été de plus en plus grande à mesure qu'on s'est approché des temps modernes.

Il suffit, pour s'en convaincre, d'un coup

d'œil rapide sur l'antiquité grecque et latine.

Dans la Grèce, l'homme trouvait dans l'exercice de la vie publique le développement de toutes ses facultés. Tous les progrès de la civilisation, les discussions philosophiques, les délibérations de l'*Agora*, les lectures, les représentations théâtrales, étaient autant d'éléments qui, chaque jour, venaient élargir, perfectionner son éducation libérale.

Il était loin d'en être ainsi pour la femme. Tout au contraire, ces mêmes progrès semblent souvent avoir tourné à son désavantage, en creusant entre les deux sexes une séparation de plus en plus tranchée.

Nous ne prétendons pas que l'empire de la femme eut été nul ; à certaines époques de l'histoire grecque, il fut même assez étendu. Mais cet empire se fondait plutôt sur la beauté physique et matérielle que sur les qualités intellectuelles. Homère nous a laissé de curieux exemples du respect dont les Grecs entouraient les femmes qui se distinguaient par leur beauté, beauté que les artistes ont fait revivre dans les statues des déesses.

La femme n'en était pas moins tenue dans une grande condition d'infériorité. « L'esclave n'a pas de volonté, — dit Aristote, — l'enfant en a une, mais incomplète ; la femme en a une, mais impuissante. »

Cette impuissance était telle que la femme n'était même pas consultée pour l'acte le plus important de sa vie, pour le choix d'un mari. Tout se faisait par l'entremise de son tuteur. Elle acceptait son choix, sans murmure, comme une condition sociale nécessaire, n'ayant pas même l'air de soupçonner qu'il pût en être autrement, ni que, en enchaînant sa liberté, cette toute-puissante tutelle la réduisait elle-même à un rôle purement passif.

Aussi, pendant longtemps, la vie de la femme à Athènes peut-elle se résumer en ces quelques mots : naître, vivre et mourir dans le *Gynécée,* comptant pour principaux devoirs de s'occuper des travaux de son sexe, et surtout de Παιδοποιειν, c'est-à-dire de donner des citoyens à la patrie.

Les exceptions toutefois furent remarquables chez les Grecs. Un grand nombre de femmes cultivèrent divers genres de littérature et surtout le genre érotique. Le temps malheureusement n'a conservé aucun de ces ouvrages qui fondaient leur renommée. Toute l'antiquité atteste que les modernes ont fait à cet égard une perte immense. *Sapho*, dont nous ne possédons que quelques vers, reste à jamais comme un grand nom.

Rome, héritière directe de la littérature grecque, se montre en bien des points la rivale et l'émule d'Athènes. Pourtant, sur le point qui nous occupe, elle ne nous offre rien de semblable. Quoique se trouvant plus mêlées aux hommes et même un peu à la vie publique, les femmes semblent y avoir développé surtout leur goût naturel pour la toilette. On nous parle beaucoup du luxe effréné auquel se livrèrent les dames romaines sous l'Empire, mais bien peu de leur application à perfectionner leurs qualités intellectuelles. On voit la fière matrone de la ville aux Sept Collines sortir parfois de son gynécée, mais c'est pour exciter, ou même partager le dévouement patriotique de ses fils ou de son époux. Comment leur serait-il venu à l'idée d'en descendre pour se livrer à des travaux littéraires, si l'on songe que pendant longtemps ces travaux furent le partage exclusif des affranchis et des fils d'esclaves !

Il ne faut pas oublier cependant l'admiration constante, le culte passionné que les anciens vouaient à la vertu et au mérite, de quelque part qu'ils vinssent. C'est dire que, malgré la condition d'infériorité dans laquelle ils reléguaient la femme, ils ne goûtaient pas moins ces qualités quand elles se rencontraient chez le sexe le plus faible.

Dans son traité : *Les Vertueux Faits des femmes*, Plutarque ne nous laisse aucun doute sur l'opinion des anciens à cet égard.

Non content de rappeler les belles actions accomplies par les héroïnes de la Grèce ou de Rome, il parle aussi des femmes de tous les pays et va jusqu'à nous transmettre la mémoire des récompenses nationales que leur décernait la reconnaissance populaire. Puis, nous initiant à la vie civile des femmes, soit dans la Gaule, soit dans la Germanie, il nous montre que leur condition, sans être libre, était, malgré tout, préférable au despotisme de l'ancienne législation romaine.

Il n'est pas besoin d'ajouter que chez les Barbares, vainqueurs de Rome, la femme était elle-même trop esclave pour songer aux délassements de l'esprit.

Entre toutes les tribus, les Gaulois cependant furent les premiers à se distinguer par la vénération particulière qu'ils eurent pour leurs femmes. Il est vrai que, reconnaissant à plusieurs d'entre elles le don de prophétie, ils écoutaient volontiers leurs conseils et ne laissaient jamais sans vengeance la plus petite injure faite à l'une d'elles.

Plutarque ne manque pas d'expliquer cette condescendance extraordinaire, dans ces temps barbares, des Gaulois pour leurs femmes.

« Avant de traverser les Alpes, dit-il, pour s'é-
« tablir en Italie, les Gaulois eurent entre eux
« une grande querelle. Ils étaient sur le point
« d'en venir aux armes quand les femmes éplo-
« rées, se jetant au milieu d'eux, parvinrent à
« calmer leur colère. Jugeant elles-mêmes le dif-
« férend qui causait tant d'émoi, elles le termi-
« nèrent avec une sagesse et une équité si
« grandes que, depuis cette époque, les Gau-

lois « ont toujours employé le même moyen. »

Plutarque ajoute en effet que, par leur traité avec Annibal, les Gaulois stipulèrent que si les Carthaginois prétendaient avoir reçu quelque tort, les femmes de la Gaule seraient prises pour juges.

On n'ignore point cependant que cette sorte de vénération, pour ainsi dire instinctive, que ces hommes farouches témoignaient à leurs femmes n'était point pour elles une sauvegarde absolue. Il arrivait souvent que la pétulence indomptée du barbare reprenait le dessus. Ils se laissaient entraîner alors à des scènes de violence dont les femmes étaient les malheureuses victimes. C'étaient ces violences que les vieillards, les hommes sages de la tribu s'appliquaient à réprimer. En constatant la vérité du fait, plusieurs prescriptions de la *Loi Salique* attestent tout le soin que les Francs ont apporté à cet égard.

Une superstition, d'ailleurs, contribue puissamment à accroître, chez les Gaulois, ce respect de la femme. Quoiqu'elle fasse rire aujourd'hui, il n'est pas inutile de la signaler : c'était la croyance aux fées. On se rappelle les détails que nous a laissés Tacite sur cette fameuse Velléda, que le Gaulois Civilis avait associée à sa révolte contre les Romains.

Il est permis de croire que toutes les Velléda réunies formeraient légion.

Et il ne s'agit point, à cette époque, de ces fées gracieuses, comme on s'est plu à les représenter, sous la forme de jeunes filles, à l'épaisse chevelure flottante sur les épaules, vêtues d'une longue robe blanche et le front ceint d'une couronne de verveine. Cette ravissante image ne justifierait guère l'effroi qu'elles inspiraient toujours.

Dans l'imagination des Gaulois, au contraire, les fées conserveront, pendant plusieurs siècles, le caractère sauvage et terrible que leur avait inspiré le druidisme. Il faut se les représenter comme des femmes vieilles, hideuses et cruelles, suivant les armées pour recueillir le sang des prisonniers et le répandre ensuite au-dessus de leur chaudière magique. Voilà les véritables fées, celles dont les paroles inspiraient aux Francs la plus entière confiance. Ce n'est que plus tard, sous le régime féodal, qu'elles perdront un peu de cette terreur mystérieuse. Avec le triomphe de la chevalerie, elles deviendront douces, bienfaisantes.

Nous ne pouvons résister au plaisir de les contempler telles que nous les montrent les romanciers du moyen âge, apparaissant autour du berceau des nouveau-nés, la nuit après l'accouchement.

Elles viennent généralement au nombre de trois ; toutes trois sont plus puissantes les unes que les autres, et, comme leur générosité égale leur puissance, on ne saurait s'étonner des dons qu'elles feront chacune à l'enfant pour contribuer à son bonheur. Aussi ne manquait-on pas, dans certains pays du moins, de placer sur une table trois pains blancs, trois pots de vin et trois verres. On posait le nouveau-né au milieu, et c'est alors que les dames présentes reconnaissaient le sexe de l'enfant.

« Le fils de Maillefer fut ainsi exposé, et les
« dames, après qu'elles l'eurent vu, s'éloignè-
« rent. Tout dormait quand l'aventure suivante
« eut lieu : le temps était beau, la lune brillait

« au ciel ; trois fées entrèrent, prirent l'enfant,
« le réchauffèrent et le placèrent dans son ber-
« ceau. Ensuite elles mangèrent le pain et burent
« le vin. Après leur repas, chacune des trois fées
« fit au nouveau-né un beau souhait. La pre-
« mière fée lui prédit qu'il deviendrait roi de
« toute la Grèce et de Constantinople et qu'il
« ne périrait jamais dans un naufrage ; la se-
« conde, qu'il serait aimé de toutes les dames et
« deviendrait savant et lettré ; la troisième lui
« accorda le don de l'éloquence. » (Le Roux de
Lincy.)

Bientôt ces bonnes fées s'empresseront d'é-
changer leur couronne de verveine contre la
couronne d'or des châtelaines, et de ces brillantes phalanges aériennes il ne restera plus que
le nom, pour désigner la femme intelligente et
douce, la femme accomplie.

CHAPITRE II

LES FEMMES ÉCRIVAINS AU MOYEN AGE

Les femmes et la chevalerie. — Éducation des femme au moyen âge. — Judith, deuxième femme de Louis le Débonnaire. — Dodane. — La reine Constance. — Les chansons de geste. — Marie de France. — Les Cours d'Amour. — Curieux exemple de Tenson. — Héloïse. — Les écoles de filles au moyen âge. — Les premiers ouvrages en français écrits par des femmes. — Marguerite de Duyn. — Agnès d'Harcourt. — Gabrielle de Bourbon, la belle Laure, Jehanne Filleul, Clémence Isaure. — Christine de Pisan. — Le baiser de Marguerite d'Écosse à Allain Chartier.

Il faut attendre les premières lueurs du moyen âge pour voir les femmes, à part quelques religieuses inspirées, s'aventurer dans la carrière des lettres. Quoi d'étonnant à cela? Quand l'homme, bardé de fer, tenait à honneur de ne pas savoir signer son nom, comment la femme, résignée aux ordres de son seigneur et maître, eût-elle osé se permettre d'en savoir davantage?

Cependant il ne devait pas en être longtemps ainsi. La Chevalerie prescrivait la défense du faible et de l'opprimé. Or les femmes, presque réduites à l'esclavage sous les lois romaines, mieux protégées sous les lois des barbares conquérants, restaient encore en butte à la brutalité des mœurs guerrières de ceux qui les entouraient. Ce fut donc tout naturellement que les progrès de la civilisation amenèrent les chevaliers à prendre en main la défense du sexe le plus faible. Puis le respect vint se mêler à cet instinct qui attire les sexes l'un vers l'autre, et ces sentiments, exaltés encore par les chants des troubadours et des trouvères, attacheront pour la vie le Chevalier à la Dame de ses pensées.

« Les femmes du moyen âge sentirent bientôt
« qu'elles ne devaient pas rester indignes du
« respect enthousiaste et de l'espèce de culte
« dont les entourait la Chevalerie. Dans les mo-
« nastères, elles ne se réservèrent plus tout en-
« tières à Dieu, mais aussi à la science de Dieu;

« elles devancèrent les docteurs dans cette car-
« rière ; elles furent aussi savantes et souvent
« plus subtiles qu'eux dans l'interprétation. Au
« monastère de Chelles, près de Paris, les
« hommes et les femmes écoutaient avec un égal
« respect les leçons de sainte Bertilla, et les rois
« de la Grande-Bretagne lui demandaient quel-
« ques-uns de ses disciples pour fonder des écoles
« dans leur pays. » (Michelet.)

Il n'est pas rare qu'on se fasse sur l'éducation des femmes au moyen âge une idée assez fausse. On est facilement tenté de la considérer, sinon comme à peu près nulle, du moins comme limitée à la connaissance de quelques prescriptions médicales et des soins du ménage. C'est souvent inexact. Des documents authentiques établissent que, dès le huitième siècle, un certain nombre de femmes, au moins celles de condition élevée, consacraient à l'étude une partie notable de leur jeunesse. Elles apprenaient le latin dans les couvents ou monastères et ne négligeaient point l'étude du chant, ni celle de l'orgue ou de la lyre.

C'est ainsi que Judith, deuxième femme de

Louis le Débonnaire, joignait aux charmes de la beauté physique les avantages de l'éducation. Dans un poème consacré à sa louange par un de ses contemporains, Walafrid Strabon, l'auteur vante la culture de son esprit, la grâce de ses discours et aussi son habileté à faire résonner sous ses doigts la harpe des filles de la Germanie. Il est certain, d'ailleurs, que cette princesse devait avoir l'esprit remarquablement cultivé, puisque plusieurs des écrivains de l'époque ont tenu à honneur de lui dédier leurs livres. C'est à elle, par exemple, que Julius Florus offrit la dédicace de son *Histoire universelle*.

Plusieurs autres femmes, principalement parmi les abbesses et même les simples religieuses, se sont distinguées par leur savoir. Leurs noms, il est vrai, ne nous offriraient qu'un intérêt bien secondaire. Citons seulement, à titre d'exemple, Dodane, duchesse de Septimanie, morte en 842, et qui, peu de temps avant sa mort, avait composé un *Manuel de Conduite,* ou recueil d'avis d'une mère à son fils. Cet ouvrage est naturellement écrit en latin, la seule langue en usage à cette époque, non seulement dans l'Église, mais aussi dans les affaires de la vie politique et civile et dans la société polie.

Insensiblement on trouve des femmes présidant aux luttes poétiques des troubadours et des trouvères. La reine Constance amène ces chantres galants des régions de l'Aquitaine à la cour bigote de Robert, et avec eux y introduit une élégance, une culture inconnue jusqu'alors.

Les *Chansons de geste* recevaient de jour en jour un accueil plus flatteur qui excitait la verve des poètes. L'un des principaux intérêts que nous offrent ces poèmes, c'est d'être la fidèle peinture de la vie du moyen âge.

« C'est dans ces longs récits que se retrouvent
« à leur place les monastères, les dames au clair
« visage, cueillant les fleurs de mai, ou du haut
« des balcons attendant les nouvelles ; l'ermite
« au fond des bois, qui lit son livre enluminé ; la
« damoiselle sur son palefroi pommelé ; les mes-
« sagers, les pèlerins assis à table et devisant
« dans la salle parée ; les bourgeois sous la po-
« terne, le serf sur la glèbe ; les pavillons tendus
« au vent, les enseignes brodées et dépliées, les
« chasses au faucon, les jugements par le feu,

« par l'eau, par le duel; les plaids, les joutes,
« les épées héroïques, la Durandal, la Joyeuse,
« la Hauteclaire; les chevaux piaffants et nom-
« més par leurs noms, à l'instar d'Homère, le
« Bayard des fils Aimon, le Blanchard de Char-
« lemagne, le Valentin de Roland; tout ce qui
« accompagnait et suivait les disputes des sei-
« gneurs, défis, pourparlers, injures, prises d'ar-
« mes, convocation du ban et de l'arrière-ban,
« machines de guerre, engins, assauts, pluies de
« flèches d'acier, famines, meurtres, tours dé-
« mantelées; c'est-à-dire le spectacle entier de
« cette vie bruyante, silencieuse; variée, mono-
« tone; religieuse, guerrière; où tous les extrêmes
« étaient rassemblés, en sorte que ces poèmes,
« qui semblaient extravaguer d'abord, finissent
« souvent par vous ramener à une vérité de dé-
« tails et de sentiments plus réelle et plus saisis-
« sante que l'histoire. » (E. Quinet.)

Il appartenait à un poète comme M. Edgar Quinet, d'une imagination si hardie, de commenter le fier génie de nos vieux poètes. Au risque d'encourir le reproche d'avoir fait un hors-d'œuvre, nous aurions regretté de priver nos lecteurs du charme de cette citation.

On ne tarde pas d'ailleurs à compter un grand nombre de dames qui se font elles-mêmes poètes, et quelques noms de ces troubadours féminins sont venus jusqu'à nous. Telle fut Marie de France, née en Flandre, qui florissait au commencement du treizième siècle. Sa personne et sa vie nous sont entièrement inconnues. Il reste d'elle quatorze *lais*, cent trois fables, et quelques autres pièces. La plupart des poèmes qu'elle a rédigés sous le nom de *lais* sont des contes héroïques et touchants, empruntés aux souvenirs populaires de la Bretagne. On peut les considérer comme de gracieux épisodes détachés du Cycle d'Arthur.

Les goûts de la Chevalerie, les chants des troubadours nous amènent à parler d'une des plus curieuses institutions du moyen âge, des *Cours d'Amour et de Gay-Sçavoir*.

Ces gracieuses Cours d'Amour fonctionnèrent d'abord en Provence, d'où elles se répandirent en Champagne, en Flandre, etc.

La forme la plus piquante de la chanson d'amour était le *tenson* ou le *jeu parti*. C'était un dialogue entre deux troubadours, espèce de tournoi poétique auquel ils se provoquaient en présence des dames et des chevaliers.

« Les tensons, dit un naïf biographe des trou-
« badours (Nostradamus, père de l'astrologue),
« estoyent disputes d'amours qui se faisoyent
« entre les chevaliers et dames poètes entrepar-
« lans ensemble de quelques belles et subtiles
« questions d'amours, et où ils n'en pouvoyent
« accorder, ils les envoyoyent pour en avoir la
« deffinition aux dames illustres présidentes, qui
« tenoyent cour d'amour ouverte et plénière à
« Signe et à Pierrefite, ou à Romanin ou à aul-
« tres, et là-dessus en faysoyent arrets qu'on
« nommoit *lous arrest d'amours*. »

Les dames juges étaient quelquefois fort nombreuses. Il y en avait dix à la cour de Signe, ainsi qu'à Pierrefite, douze à Romanin, quatorze à Avignon et jusqu'à soixante à la cour de Champagne.

Il serait intéressant de rappeler la nature des débats présentés devant ces singuliers tribunaux, qui tenaient toute leur force du respect souverain avec lequel on accueillait leurs décisions. Bornons-nous à un seul exemple :

Deux troubadours plaidèrent contradictoirement cette question : « *L'amour peut-il exister entre légitimes époux ?* »

Les deux champions étaient de taille à se défendre; la lutte fut fort longue; la victoire demeura indécise. Il appartint aux dames de la faire descendre dans un camp ou dans l'autre. Que pensez-vous que fut leur réponse ?.....

A cette question : l'amour peut-il exister entre légitimes époux ? — les dames répondirent : « *Non!* » Il paraît toutefois que c'est jusqu'à la comtesse de Champagne qu'il faut faire remonter la responsabilité de cette opinion. Pour ceux qui récuseraient l'autorité de sa décision, les débats sont toujours ouverts!.......

Pendant que les nobles dames se livraient à ces importants travaux d'érudition facile et galante et du « Gay Sçavoir », les abbesses dans les cloîtres appliquaient leur esprit aux questions les plus ardues de la scolastique et du mysticisme.

Parmi ces abbesses qui se distinguaient par leur savoir, il en est une célèbre entre toutes par son érudition et plus encore par ses malheurs. Nous avons nommé la nièce infortunée du chanoine Fulbert, la prieure d'Argenteuil et du Paraclet, la fameuse Héloïse.

On sait que, dès son enfance, elle avait reçu, soit au monastère d'Argenteuil, soit dans la maison de son oncle, toute l'éducation littéraire que l'on pouvait avoir à cette époque. On sait aussi comment Abélard, « le premier philosophe de son temps », suivant sa propre expression, se chargea de couronner un édifice si bien commencé. La grande réputation dont ils jouissaient tous deux, soit en science, soit en beauté, était déjà un trait d'union qui devait les attirer l'un vers l'autre. Ils se virent, s'aimèrent, et un commerce de lettres commença. C'était quelque chose sans doute, mais trop peu pour les désirs de leurs cœurs avides d'amour. Laissons Abélard lui-même nous faire connaître l'ingénieuse combinaison qu'il employa pour parvenir auprès d'Héloïse :

« J'employai auprès de son oncle le ministère
« de quelques amis pour qu'il consentît à me
« recevoir dans sa maison qui, d'ailleurs, était
« voisine de mon école. J'avais chargé ces

« amis complaisants d'exposer à Fulbert que,
« mes études ne me permettant pas de soigner
« mes affaires domestiques, je le laissais libre de
« fixer lui-même le prix de ma pension et de
« mon logement. Or, Fulbert était avare, et il
« attachait une grande importance à ce que sa
« nièce continuât à faire des progrès dans les
« lettres. Ces deux motifs lui firent donner à ma
« demande un facile consentement. J'obtins tout
« ce que je désirais du chanoine, entièrement
« préoccupé de l'amour de l'argent et de l'idée
« que sa nièce retirerait un grand profit de mon
« enseignement. Il me pressa donc instamment,
« et bien au delà de mes espérances, de donner
« les leçons de mon art à Héloïse ; et, servant
« ainsi lui-même mon amour, il la livra tout
« entière à mon autorité magistrale. Il me con-
« jura, lorsque je serais libre de mon école, de
« donner tous mes soins à sa nièce pendant le
« jour et même pendant la nuit ; et, si je la trou-
« vais rebelle à mes leçons, de la corriger de
« mes mains fortement.

« Je ne pouvais assez admirer la simplicité de
« Fulbert, et je fus aussi stupéfait que s'il avai

« livré une tendre brebis à un loup affamé ; car,
« non seulement il me chargeait d'instruire sa
« nièce, mais il me donnait mission de la châ-
« tier et de la châtier fortement : et qu'était-ce
« autre chose que d'ouvrir à mes vœux toute
« leur carrière, que m'offrir lui-même le dernier
« moyen de vaincre, — quand bien même je répu-
« gnerais à le saisir, — et, au cas où je ne pour-
« rais toucher Héloïse par mes discours cares-
« sants, de la fléchir par les menaces et par les
« châtiments ? Mais deux choses détournaient
« facilement Fulbert de tout soupçon et de la
« crainte d'aucun danger : la vertu de sa nièce
« et la réputation si bien établie de ma conti-
« nence.

« Que dirai-je de plus ? Héloïse et moi nous
« fûmes unis d'abord par le même domicile, et
« ensuite par le même sentiment. Sous prétexte
« de l'étude, nous vaquions sans cesse à l'amour;
« et, la solitude que l'amour désire, l'étude nous
« la donnait. Les livres étaient ouverts devan
« nous, mais nous parlions plus d'amour que de
« philosophie, et les baisers étaient plus nom-
« breux que les sentences. Ma main se portait

« plus souvent sur le sein que sur les livres, et
« nos yeux étaient plus exercés par l'amour
« que par la lecture de l'Écriture sainte. Cepen-
« dant, pour mieux écarter tout soupçon, des
« coups étaient souvent donnés, mais par l'a-
« mour et non par la colère. » (*Petri Abelardi,
de calamitatibus suis epistola;* traduction de
M. Villenave.)

On connaît le reste : le désespoir, la colère du chanoine quand il apprit la vérité et surprit les deux amants dans un tête-à-tête où, suivant l'expression d'Abélard, « ils furent découverts dans le même état où la fable rapporte que Mars fut surpris avec Vénus. »

On sait la fureur, tenant de la démence, où Fulbert fut jeté par la fuite des amants; la feinte réconciliation qu'il leur accorda; leur mariage, et l'acte inouï de vengeance dont Abélard fut la mémorable victime.

« Une nuit, — dit-il lui-même, — tandis qu'un
« sommeil profond s'était emparé de mes sens,
« on corrompit avec de l'or l'homme qui me
« servait; des émissaires furent introduits dans
« mon appartement et m'infligèrent l'infâme et

« cruelle punition qui a rempli le monde d'un
« long étonnement. »

Retirée dans le monastère d'Argenteuil où elle fut appelée à la dignité de prieure, vivant du souvenir de son bonheur passé, Héloïse fut douze ans sans entendre parler de celui qu'elle avait tant aimé !

Puis elle fut mise en possession du Paraclet. Les bâtiments tombaient en ruines ; Héloïse y entra pourtant avec une joie ineffable : c'était là qu'Abélard avait vécu pendant plusieurs années !

« Notre sœur, — dit plus tard Abélard en fai-
« sant l'histoire de sa vie, — l'emportait sur
« toutes ses compagnes et avait reçu du ciel le
« don de plaire aux yeux de tous. Les évêques
« l'appelaient leur fille ; les abbés, leur sœur ;
« les laïques, leur mère. Tous admiraient sa
« piété, sa prudente sagesse, sa patience qu'ac-
« compagnait une douceur incomparable. »

C'est en 1142 que, par la renommée publique, elle apprend la mort de son époux. Elle parvient à faire enlever ses restes et les fait placer dans une chapelle construite par ordre d'Abélard.

C'est là que pendant plus de vingt ans elle vient pleurer chaque nuit, jusqu'à ce que la mort la réunisse à son époux (1164) et qu'une même tombe reçoive leurs dépouilles mortelles.

Ce serait à tort cependant que l'on concluerait de ce qui précède que, seules, les femmes de condition élevée aient pu jouir, au moyen âge, des bienfaits d'une éducation libérale. Dès le treizième siècle, il existait à Paris des écoles où les enfants de tous les habitants étaient admis moyennant une légère rétribution. Ces écoles étaient divisées en deux classes, celles des garçons et celles des filles ; et elles étaient même plus nombreuses qu'on est généralement porté à le supposer. Dès 1380, on en comptait déjà à Paris quarante pour les garçons et vingt pour les filles. On les nommait *petites écoles* ou *écoles de grammaire*. Un règlement touchant les écoles, lu dans la séance du 6 mai 1380, est même parvenu jusqu'à nous. Ce curieux document nous a conservé les noms des maîtresses qui dirigeaient alors les petites écoles des filles à Paris. Nous ne croyons pas inutile de reproduire les noms de ces institutrices qui, pour la plupart, semblent bien appartenir à la bourgeoisie :

« Jeanne Pelletier, Jeanne de Vienete, Ser-
« sive la Bérangère, Marion de La Porte, Jeanne
« la Mercière, Perrette la Verrière, Jeannette du
« Déluge, Martine la Thomasse, Jacquette la
« Denise, Jeanne la Morelle, Jeanne de Castil-
« lon, Jacqueline de Transvire, Jeanne la Fé-
« ronne, Marie de Lingon, Jeanne de Ballières,
« Denisète de Nerel, Jeanne de Asmorade, Ede-
« lète la Juiote, Marguerite la Choquette, Jeanne
« la Bourgeoise, et Maheut la Bernarde. »

Sans aucun doute leur enseignement n'était pas des plus compliqués. Il se bornait à peu près à la lecture, à l'écriture, aux premiers éléments du calcul, auxquels s'ajoutaient généralement l'art du chant et même la musique instrumentale. N'était-ce point cependant répondre alors suffisamment aux besoins des enfants du peuple ? Aussi les avantages de cet enseignement, si simple qu'il fut, ne tardèrent pas à être appréciés. Les écoles de filles se multiplièrent de tous côtés. En 1665, on n'en comptait pas moins de cent soixante-six, tant à Paris que dans la banlieue.

2.

Nous n'avons pas trouvé de documents établissant que, au douzième siècle, il y ait eu des ouvrages écrits par des femmes autrement qu'en langue latine. Ce n'est que vers la fin du treizième siècle que nous rencontrons deux abbesses qui, dans leurs ouvrages, se sont servies de la langue vulgaire : Marguerite de Duyn et Agnès d'Harcourt.

Voici le jugement porté sur Marguerite de Duyn par l'un des continuateurs de l'*Histoire littéraire de la France* :

« Il nous a semblé que nous pouvions insister
« sur les écrits latins et français d'une femme
« qui, dans un tel siècle, s'exprimait en latin
« avec plus de correction et de netteté qu'un
« grand nombre de ses contemporains ; qui,
« comme écrivain français, tout en laissant voir
« qu'elle habitait le fond d'une province, et
« sans s'écarter des formes ordinaires aux
« idiômes du midi, trouvait cependant déjà
« quelques-uns des mouvements propres à cette
« langue qui commençait à devenir notre lan-
« gue française. »

Agnès d'Harcourt, fille d'une illustre maison,

avait reçu une éducation digne de sa naissance. Elle fut appelée, en 1263, au gouvernement de la célèbre abbaye de Longchamps. Il nous reste d'elle une *Vie d'Isabelle de France,* sœur de saint Louis. Cet ouvrage, écrit avec un charme et une naiveté qui donnent un très grand prix à ce monument, prouve sans conteste la connaissance parfaite que son auteur possédait de la langue vulgaire. Elle sait intéresser par les mille petits détails par lesquels elle fait entrer ses lecteurs dans la vie intime de son héroïne. Quoi de plus naif et de plus gracieux en même temps que cet épisode de la toilette d'Isabelle : Les femmes qui l'entouraient ne manquaient pas, lorsqu'elles la peignaient, de recueillir avec soin les cheveux qui se détachaient de sa tête : « Qu'en voulez-vous faire ? » leur dit un jour la jeune fille avec un doux sourire. — « Madame, « lui répondit l'une d'elles, nous les recueillons, « pour ce que, quand vous serez saincte, nous « les garderons comme reliques. » — « Elle s'en « riait, ajoute son biographe, et tenait à folie de « pareilles choses, mais moi, sœur Agnès, je pos- « sède quelques-uns des cheveux de la princesse. »

Bien d'autres noms se présentent sous notre plume, qui mériteraient plus qu'une simple mention. Nous voudrions parler de Gabrielle de Bourbon, mère de Charles de la Trémoille ; de la belle Laure, chantée par Pétrarque ; de Jehanne Filleul, et surtout de Clémence Isaure qui s'immortalisa par la création des *Jeux Floraux* de Toulouse. Nous n'entrerons même pas dans l'examen de la discussion soulevée autour du nom de Clémence Isaure. Des critiques sérieux lui contestent ce titre de fondatrice des Jeux Floraux. S'appuyant sur des documents dont nous ne songeons pas à mettre en doute l'authenticité, ils établissent que ces brillantes arènes littéraires existaient longtemps avant elle. Admettons, si l'on veut, qu'elle en fut l'une des plus insignes bienfaitrices, que ses bienfaits, sa direction, contribuèrent à leur donner une impulsion nouvelle et qu'elle assura, sinon leur existence, du moins leur célébrité.

Un peu plus tard, tandis qu'une fille du peuple, Jeanne d'Arc, reconquiert à son roi le patrimoine de la France, qu'une reine déshonorée, une étrangère, a vendu aux Anglais, une autre femme, Christine de Pisan, chante la première, dans un poème national, la gloire de la Pucelle. Le nom de Christine occupe l'une des premières places parmi ceux des écrivains les plus illustres de son temps.

Née à Venise, en 1363, Christine était fille de Thomas de Pisan, médecin et astrologue fameux, que, cinq ans plus tard, Charles V fit venir à sa cour. Là, elle reçut une éducation des plus soignées, en harmonie avec la position que lui assurait le grand crédit de son père auprès du roi, en harmonie surtout avec les merveilleuses dispositions dont elle était naturellement douée. Elle se perfectionna donc dans la langue italienne, qui était celle de sa mère, et étudia aussi avec soin le latin et le français. La réputation méritée de sa beauté, de ses talents, la fit rechercher en mariage par de riches bourgeois, des chevaliers et des nobles. Ce fut un jeune noble de Picardie qui obtint sa main : Étienne du Castel, choisi entre tous les prétendants pour ses mérites personnels, plutôt que pour sa fortune fort médiocre. Christine n'avait alors que quinze ans.

Malheureusement pour elle, deux ans après

son mariage, survint la mort de Charles V, puis celle de Thomas de Pisan qui survécut à peine à son bienfaiteur. Ce double accident mit le jeune ménage dans un état des plus précaires.

Vers 1402, un nouveau malheur vint frapper Christine : la mort subite de son mari.

Veuve, sans patrimoine, avec trois enfants, bien jeunes encore, qu'elle était obligée de soutenir, elle n'avait pour toutes ressources que celles qu'elle pouvait se créer en profitant de ses connaissances littéraires et de sa grande facilité pour écrire, soit en prose, soit en vers.

Il est à remarquer que Christine de Pisan est peut-être la première femme en France qui ait pensé à vivre des produits de sa plume. Il est vrai que, sous ce rapport, elle avait déjà reçu quelques encouragements. En 1397, le comte de Salisbury, étant venu en France à l'occasion du mariage de Richard II, roi d'Angleterre, avec Isabelle, fille de Charles VI, eut occasion de lire quelques poésies de Christine de Pisan. Il les goûta fort et en emporta un recueil qu'il paya généreusement.

L'un des premiers ouvrages de longue haleine composés par Christine fut son livre intitulé : *Cent Histoires de Troyes.* Ce livre, moitié historique, moitié littéraire, fut dédié, ainsi qu'un poème assez long sur les changements de la fortune, au duc Philippe le Hardi. Le duc la récompensa largement et lui demanda en outre une *Histoire de Charles V,* qui, aujourd'hui encore, compte au nombre des meilleurs mémoires que nous ayons sur cette époque.

Christine a laissé bien d'autres ouvrages en prose dont la nomenclature ne serait pas moins fastidieuse que l'analyse. On lui reproche avec raison un style trop étudié, entaché de pédantisme et d'une imitation de la phrase latine qui le rend fatiguant à lire.

Ses vers ne méritent pas les mêmes reproches. C'est surtout dans ses poésies légères, lais, ballades ou rondeaux, que l'on admire la grâce, la simplicité de son esprit, et aussi beaucoup de sentiment, ce qui sied par-dessus tout à une femme.

Une noble qualité dont nous devons aussi savoir gré à Christine de Pisan, c'est l'empressement de cette femme-poète à se faire le chantre de tous les événements remarquables qui peuvent illustrer la France, qu'elle regardait à bon droit comme sa seconde patrie.

En 1402, par exemple, sept chevaliers français triomphent à Montendre de sept chevaliers anglais. Aussitôt, ce simple fait d'armes inspire à Christine trois ballades. En 1404, à la mort de Philippe le Hardi, elle pressent les regrets que cette perte va soulever dans le royaume, et elle écrit cette complainte dont nous ne citons que les premiers vers :

« Pleurez, Françoys, tous d'un commun vouloir,
« Grans et petitz, pleurez cette grand'perte. »

Elle pleurera encore à la nouvelle du premier accès de la terrible maladie de Charles VI, et plus tard, après dix ans passés au fond d'une abbaye, lorsqu'elle apprendra les victoires du Dauphin guidé par une jeune héroïne, elle sentira sa muse se réveiller et consacrera tout un poème à Jeanne d'Arc et à ses exploits.

Nous ne terminerons point ce chapitre sans rappeler une anecdote qui montre l'estime et l'affection qu'une autre femme, Marguerite d'Écosse, épouse de Louis XI, avait pour les savants et les lettrés. Voici ce qu'on raconte à propos de son admiration pour Allain Chartier :

Marguerite « passant avec une grande suite
« de dames et de seigneurs dans une salle où il
« (Allain Chartier) était endormi, l'alla baiser
« en la bouche : chose dont s'étant quelques-uns
« émerveillés, parce que, pour dire vrai, nature
« avait enchâssé en lui un bel esprit dans un
« corps de mauvaise grâce, cette dame leur dit
« qu'ils ne se devaient étonner de ce mystère,
« d'autant qu'elle n'entendait avoir baisé
« l'homme, ains la bouche de laquelle étaient
« issus tant de mots dorés. »

« Charles V accueillant à sa cour l'Italienne
« Christine de Pisan, et Marguerite d'Écosse
« honorant d'un baiser le savant, mais un peu
« pédantesque Allain Chartier, c'est la France
« avide du savoir antique et saluant de son ad-
« miration les premières lueurs de la Renais-
« sance. » (Demogeot.)

CHAPITRE III

FRANÇOIS Ier ET LA RENAISSANCE

Activité de ce siècle. — Marguerite de Valois. — L'Heptaméron. — Marguerite de France. — Ses mémoires. — Louise Labé, la belle cordière. — Le débat de Folie et d'Amour. — Clémence de Bourges. — Pernette du Guillet. — Les dames des Roches. — Georgette de Montenay. — Catherine de Parthenay. — Elisene de Crenne. — Suzanne Habert. — Modeste Dupuis. — Philiberte de Fleurs. — La demoiselle de Gournai. — Curieuse anecdote.

Avec ses goûts de poète et d'artiste, François Ier dut ressentir fortement l'influence de l'Italie. En attendant qu'il pût, à force de largesses, appeler à sa cour les hommes célèbres de ce pays, il acheta chèrement leurs ouvrages. Il en résulta pour la France une activité intellectuelle considérable, une féconde production littéraire, qui, dès le commencement du seizième siècle, succédèrent à la stérilité générale du quinzième. Les guerres d'Italie, la Réforme elle-même, exercent sur les intelligences une action très énergique. Les conquêtes de l'érudition vont de pair avec celles de l'art et de la science, le champ de la connaissance humaine s'agrandit dans tous les sens.

Parmi les femmes galantes de la brillante cour de François Ier, il en est qui ont d'autres droits que leur galanterie à la mémoire de la postérité, et, dans ce gracieux cortège, nous voyons marcher en tête la sœur du roi, la célèbre Marguerite de Valois.

Elle était née à Angoulême en 1492. En 1509, elle épousa Charles de Valois, dernier duc d'Alençon, premier prince du sang et connétable de France, qu'elle eut la douleur de perdre en 1527. Marguerite en fut fort affligée, et aussi de la captivité de son frère qu'elle aimait tendrement. Pour l'aller soigner dans la maladie dont il était atteint, elle fit le voyage de Madrid. La fermeté avec laquelle elle parla à Charles-Quint et à ses ministres les obligea de traiter leur prisonnier avec les égards dus à son rang. De retour en France, François Ier, en prince généreux, témoigna sa gratitude à sa sœur, qu'il appelait affectueusement sa *Mignonne* et la *Marguerite des marguerites*. Il l'unit, en 1527, à Henri d'Albret, roi de Navarre, dont elle devint mère de Jeanne d'Albret, et, par suite, grand'-mère de Henri IV.

Un trait, pris entre mille, nous montre la confiance que François Ier avait en sa sœur. C'était à propos de l'accusation portée contre elle d'avoir embrassé la Réforme. Le connétable de Montmorency, organe des catholiques les moins tolérants, déclara que s'il voulait extirper les hérétiques de son royaume, il fallait commencer par mettre sa sœur à la raison : « Ne parlons « point de celle-là, — répondit le roi, — elle ne « croira jamais que ce que je croirai, et ne « prendra jamais de religion qui préjudicie à « mon État. » On sait néanmoins qu'elle se fit la protectrice déclarée des calvinistes.

Sa conduite aussi fut violemment attaquée par quelques-uns, sans doute avec plus de passion que de justice. Brantôme lui-même, son admirateur, assure « qu'en fait de joyeusetés et de « galanteries, elle montrait qu'elle savait plus « que son pain quotidien ; » mais, en regard de ces accusations dont toutes sont loin d'être prouvées, il n'est pas d'éloges qu'on ne lui ait décernés.

On vante le cœur aimant, la bonté compatissante de cette princesse, qui, d'ailleurs, donna des preuves de sa charité en dotant les hôpitaux d'Alençon et de Mortagne et en fondant à Paris l'hôpital des Enfants-Trouvés, qu'on appela les *Enfants-Rouges*. On célèbre ses lumières très étendues unies à tous les agréments de son sexe. On la disait douce sans faiblesse, magnifique sans vanité, très apte aux affaires sans négliger les amusements du monde. Marot et d'autres poètes l'avaient surnommée la quatrième Grâce et la dixième Muse.

Il est certain que Marguerite de Navarre est une des plus grandes gloires littéraires du seizième siècle. Elle pétille d'esprit, de naïveté, d'imagination ; et, à une étonnante délicatesse de pensée, elle joint une érudition remarquable qui fait d'elle une véritable encyclopédiste et l'une des véritables personnifications de son époque : « Prosateur et poète, érudite et diplo-« mate, mystique et libre-penseuse, théologienne « orthodoxe avec Briçonnet et protestante avec « Marot, elle lit Platon en grec et la Bible en « hébreu ; elle a un maître de géométrie et un « maître de musique. » (E. Krantz.)

On aime à se la représenter en véritable reine dans sa petite cour de Navarre, où elle attire les auteurs, tels que Charles de Sainte-Marthe, Du Moulin, Pelletier, Des Perriers, Jacques Lefèvre d'Étaples, Érasme même, et surtout Clément Marot, etc. On sait que Clément Marot était le fils de Jean Marot, poète distingué et valet de chambre du roi François Ier, après l'avoir été du roi Louis XII. Il hérita des aptitudes poétiques aussi bien que de la charge de son père. François Ier le donna pour valet de chambre à sa sœur. Une tradition assez généralement admise rapporte que ce modèle des valets de chambre adressa à sa souveraine quelques vers dont les sentiments furent partagés. Nous ne faisons que rappeler cette assertion dont il est difficile de prouver la vérité. On a d'ailleurs gratifié la reine

de la vertu que l'antiquité supposait aux Muses :
il est assez difficile d'y croire en lisant ses œuvres.

Tout en protégeant les auteurs, Marguerite écrivit beaucoup et avec une égale facilité en prose ou en vers.

En tête de ses œuvres il faut citer l'*Heptaméron*, ou recueil de nouvelles dans le goût de Boccace.

Bayle y trouvait des « beautés merveilleuses », et La Fontaine y a puisé le fond, souvent même le détail de plusieurs de ses contes, celui entre autres de la *Servante justifiée*.

« Elle composa toutes ses nouvelles, dit Bran-
« tôme, la plupart du temps dans sa lityère, en
« allant par pays. Car elle avait de plus grandes
« occupations estant retirée. Je l'ay ouy ainsin
« conter à ma grand'mère, qui alloyt toujours
« avec elle dans sa lityère comme sa dame
« d'honneur, et lui tenoit l'escritoire dont elle
« escrivoit, et les mettoit par escrit aussi tôst et
« habillement, ou plus, que si on lui eust ditté. »

Dans sa préface, la reine de Navarre transporte ses lecteurs dans les Pyrénées, où il y a des sources fameuses appelées « Caulderets », dont les eaux prises en bains ou en boissons sont également salutaires. Là, elle suppose que, vers la fin de la saison, il survient des pluies si abondantes que tout le monde est obligé de quitter les maisons de « Caulderets. » C'est alors un sauve-qui-peut général. En voulant traverser des rivières (pour finir l'inondation ?...) les uns sont emportés par la rapidité de l'eau ; d'autres veulent prendre des routes détournées, ils s'enfoncent dans les bois, où ils sont dévorés par des ours ; quelques-uns arrivent dans des villages inconnus, où il n'y a pour habitants que des voleurs qui ne font pas de quartier. Seuls, les plus sages se réfugient à l'abbaye de Notre-Dame de Serrance, et, tandis qu'on leur bâtit un pont pour traverser la rivière, ils forment le projet de composer, chaque jour, chacun un conte et de se distraire mutuellement.

Un pré, — je ne sais pour quelle raison, — se trouve être respecté par l'inondation. C'est là que se passe la scène, et ce pré est si agréable et si beau, dit l'auteur, qu'il faudrait un Boccace pour en dépeindre tous les charmes : Il suffit de dire qu'il n'y en eut jamais un pareil.

Tout en imitant Boccace, Marguerite, — avouons-le, — reste parfois bien loin au-dessous de lui. Il faut toutefois, pour apprécier cet ouvrage avec impartialité, se reporter au temps et à la société au milieu desquels Marguerite a vécu. Des aventures galantes, des séductions de filles novices, de plaisants stratagèmes pour tromper les tuteurs et les jaloux, d'étranges écarts des évêques et des moines, voilà sur quels pivots roulent la plupart de ces récits.

De son temps, cette liberté de propos ne s'éloignait point du bon ton de la cour et du langage des honnêtes gens ; son style est même plus décent que celui de quelques sermons de l'époque, tels que ceux des Barlette, des Maillard et des Menot.

Brantôme n'en rapporte pas moins que la reine-mère et la princesse de Savoie, qui avaient aussi composé des recueils de nouvelles, les brûlèrent de dépit après avoir lu celui de Marguerite.

Les contes de la reine de Navarre, distribués par journées, sont suivis de réflexions qui ne sont pas toujours la partie la moins intéressante de l'ouvrage. Pour en donner une idée, signalons une de ces réflexions. C'est à la suite de ce conte quelque peu tragique intitulé : *La mort déplorable d'un gentilhomme amoureux pour avoir sçu trop tard qu'il était aymé de sa maîtresse.*

On devine le sujet : Le gentilhomme n'est pas riche. Les parents de la jeune fille veulent pour elle un parti plus avantageux. Le jeune homme a tant de chagrin qu'il en tombe malade ; bientôt il est à l'extrémité. A cette nouvelle, la jeune fille, qui, par crainte de ses parents, avait toujours caché au jeune homme l'amour qu'elle avait pour lui, n'hésite plus. Elle court chez lui, n'épargne rien pour le rendre à la vie, lui avoue qu'elle l'aime et n'aura jamais d'autre époux que lui. Dans une comédie, l'amour médecin eut vite remis le malade sur pieds, mais ici nous cotoyons la tragédie. « Mon heure est venue, ré-« pond le jeune homme, je n'ai plus qu'une grâce « à vous demander, c'est de venir m'embrasser. » Qui eût pu repousser une telle prière ? Naturellement la jeune fille se jette sur le malade qui expire dans ses bras.

Le sujet, on le voit, n'a rien de bien compli-

qué, mais voici la conclusion un peu plus piquante qu'en tire l'auteur : C'est que « il n'est
« pas raisonnable que nous mourrions pour les
« femmes, qui ne sont faites que pour nous, et
« que nous craignons de leur demander ce que
« Dieu leur commande de nous donner. Je ne
« produirai pour toute autorité que la Vieille du
« roman de la Rose qui dit : *Sans contredit, nous*
« *sommes faites toutes pour tous, et tous pour*
« *toutes.* La fortune favorise ceux qui sont hardis,
« et il n'y a point d'homme aimé d'une dame
« qui n'en obtienne enfin ce qu'il demande, ou en
« tout, ou en partie, pourvu qu'il sache s'y prendre
« sagement et amoureusement ; mais l'ignorance
« et la timidité font perdre aux hommes
« beaucoup de bonnes fortunes... Comptez que jamais
« place n'a été bien attaquée sans être prise. »

Parmi les poésies de la reine de Navarre, il convient de citer le recueil publié en 1547 sous ce titre : *Marguerites de la Marguerite des Princesses* ; jeu de mots dans lequel le nom de la reine est à la fois synonyme de fleur et de perle. On y trouve quatre mystères et comédies soi-disant pieuses et deux farces.

Signalons encore un poème intitulé : *le Triomphe de l'Agneau* et *la Complainte pour un Prisonnier*, en l'honneur de son frère.

Elle excellait aussi dans les devises. La sienne était un lys entre deux marguerites, et ces mots à l'entour : *Mirandum naturæ opus*. Elle en avait une autre représentant un souci regardant le soleil, avec ces mots : *Non inferiora secutus*.

« J'ai ouy conter, — dit Brantôme, — et le
« tiens de haut lieu, que, lorsque le roy Fran-
« çois Ier eust laissé madame de Chasteau-Briand,
« sa maîtresse favorite, pour prendre madame
« d'Estampes estant fille appelée Helly..... celle-
« ci pria le roy de retirer de ladite madame de
« Chasteau-Briand tous les plus beaux joyaux
« qu'il lui avait donnés, non pour le prix et
« pour la valeur, car pour lors les perles et pier-
« reries n'avoient point la vogue qu'elles ont eue
« depuis, mais pour l'amour des belles devises
« qui y estoient mises engravées et empreintes,
« lesquelles la reine de Navarre, sa sœur, avaient
« faites et composées, car elle en était très bonne
« maîtresse. »

Brantôme ajoute que « madame de Chasteau-

Briand » ne refusa point de rendre ces joyaux, mais, qu'ayant demandé un délai de trois jours pour les livrer, elle s'empressa de les faire fondre par un orfèvre et réduire en lingots : « Allez, — « dit-elle ensuite au gentilhomme auquel elle « les remit, — allez, portez cela au roy, et dites- « luy que, puisqu'il lui a pleu de me révoquer « ce qu'il m'avoit donné si libéralement, je « le luy rends et renvoye en lingots d'or. Pour « quant aux devises, je les ay si bien empreintes « et colloquées en ma pensée et les y tiens si « chères que je n'ay pu permettre que personne « en disposât et jouist et en eust de plaisir que « moy-même. » Quand le roy eut reçu le tout, « et lingot et propos, de cette dame, il ne dit « autre chose sinon : « Retournez-luy le tout. Ce « que j'en faisois ce n'étoit point pour la valeur, « car je lui eusse rendu deux fois plus, mais « pour l'amour des devises, et puisqu'elle les a « fait ainsi perdre, je ne veux point de l'or et le « luy renvoye. Elle a montré en cela plus de « courage et de générosité que je n'eusse pensé « pouvoir provenir d'une femme. »

On sait que, très passionnée pour les arts,

Marguerite de Navarre bâtit le château de Pau et y joignit des jardins magnifiques.

Elle mourut en 1549, au château d'Odos, dans le pays de Tarbes. Dès 1550, il en parut, de Sainte-Marthe, une véritable biographie, très personnelle, sous forme d'oraison funèbre. Comme telle, elle est singulièrement supérieure à toutes celles du même temps. Par sa convenance, sa simplicité, et surtout la réelle sincérité du sentiment qui l'anime, elle est certainement l'une des plus remarquables de toutes celles qui ont précédé les grands chefs-d'œuvre du dix-septième siècle. Comme son auteur voulait s'adresser à la fois aux savants et au public, on la possède en deux langues.

Il est probable que Sainte-Marthe attacha beaucoup plus d'importance à ce qu'il écrivit dans la langue de Cicéron; mais, heureusement pour nous et pour Marguerite, il publia en même temps son oraison funèbre en langue vulgaire, et, sous sa forme française, qui doit être celle dans laquelle il l'avait d'abord écrite, elle a une bien autre portée. On la regarderait à peine sous son vêtement à l'antique; le texte français, au contraire, a un tout autre accent qui ne s'est pas éteint et qui vibre encore aujourd'hui. On peut lire cette oraison funèbre en tête de la magnifique édition d'amateur de l'*Heptaméron*, de MM. Le Roux de Lincy et Anatole de Montaiglon. (Paris, 1880.)

On doit au ciseau de M. Lescorné une très piquante statue de Marguerite de Valois, qui orne le jardin du Luxembourg.

Une autre Marguerite de France, reine de Navarre, brille encore à l'aurore du règne de Henri IV, et, reine délaissée, s'immortalise par ses *Mémoires*.

Fille de Henri II et de Catherine de Médicis, elle naquit en 1552, et se rendit célèbre par son mérite littéraire, non moins que par sa naissance, sa beauté, son esprit et ses amours. En 1572, elle épousa le prince de Béarn, Henri de Bourbon, depuis Henri IV. Le cœur de Marguerite ne fut pour rien dans cette union formée par une politique perfide. Le duc de Guise le possédait alors, et la maligne chronique de la cour lui associait plus d'un rival. Charles IX disait lui-même, en formant les nœuds de ce ma-

riage : « En donnant ma sœur Margot au prince
« de Béarn, je la donne à tous les huguenots du
« royaume. » Ce fut au milieu des fêtes données
à l'occasion de cet hymen que furent décidés les
massacres de la Saint-Barthélemy. Cette catastrophe était tellement pressentie et prévue que
l'on disait publiquement à la cour, selon le langage du temps, que *la livrée des noces serait vermeille,* et qu'on y verserait plus de sang que de
vin.

Marguerite raconte elle-même, dans ses *Mémoires,* comment elle faillit être une des victimes
de cette nuit fatale :

« Comme j'étois la plus endormie, dit-elle,
« voicy un homme frappant des pieds et des
« mains à la porte de ma chambre, criant :
« *Navarre! Navarre!* Ma nourrice pensant que
« c'était le Roy mon mary, courut vitement à la
« porte, un gentilhomme, déjà blessé et pour-
« suivi par des archers, entra avec eux dans ma
« chambre. Luy, se voulant garantir, se jette
« dessus mon lit ; moy, sentant cet homme qui
« me tient, je me jette à la ruelle, et luy après
« moy, me tenant toujours à travers le corps. Je

« ne savois si les archers en vouloyent à luy ou
« à moy, car nous criions tous deux, et étions
« aussi effrayés l'un que l'autre....... Enfin, Dieu
« voulut que M. de Nançay, capitaine aux
« gardes, vint, qui, me trouvant en cet état-là,
« encore qu'il eust de la compassion, ne put se
« tenir de rire et se courrouça fort aux archers,
« les fit sortir et me donna la vie de ce pauvre
« homme qui me tenoit, et que je fis coucher et
« panser dans mon cabinet, jusqu'à ce qu'il
« fut du tout guéry, et changeai bien vite de
« chemise, parce qu'il m'avoit couverte de
« sang. »

On sait que son mariage ne fut pas heureux et que la reine suivit plus d'une fois l'exemple de Henri IV, qui ne se piquait pas de respecter la foi conjugale.

Sans doute les galanteries multipliées du roi de Navarre, galanteries qu'il ne prenait pas même la peine de cacher à sa femme, n'autorisaient point les torts de Marguerite envers lui, mais elles contribuèrent peut-être, sinon à les faire naître, du moins à les aggraver en leur donnant un prétexte.

Depuis quelques années déjà, elle était retirée dans le fond de l'Auvergne lorsque le roi de Navarre, devenu roi de France, lui fit proposer de casser leur mariage. On sait qu'ils n'avaient point d'enfants et le roi souhaitait vivement transmettre la couronne à ses descendants.

Malgré le peu d'amour qu'elle eut pour lui, Marguerite ne se prêta point aux négociations entamées à ce sujet, tant qu'elle soupçonna Henri IV de vouloir épouser Gabrielle d'Estrées. Ce ne fut qu'après la mort de la duchesse de Beaufort qu'elle se déclara prête à faire tout ce que le roi voulait, n'y mettant pour toute condition que la demande d'une pension et l'acquittement des dettes immenses qu'elle avait contractées. Henri accorda tout, et, bien qu'il eût fort désiré cette séparation, il ne put retenir ses larmes lorsqu'on lui présenta le consentement de Marguerite. « Ah! la malheureuse, dit-il, elle
« sait bien que je l'ay toujours aimée et estimée,
« et elle point moy, et que ses mauvais dépor-
« tements nous ont fait séparer il y a longtemps
« l'un de l'autre. »

C'est en Auvergne qu'elle commença son principal ouvrage. Brantôme, voulant la faire figurer dans sa galerie des *Dames illustres,* lui écrivit (1593) pour lui demander des renseignements. En même temps, il lui adressait un éloge où elle était peinte sous les couleurs les plus flatteuses. Ce fut pour compléter ce récit qu'elle se mit à rédiger ses *Mémoires,* qui restent l'un des produits les plus curieux et même les plus élégants de la prose française au seizième siècle. On y trouve des détails intéressants sur les règnes de Charles IX, Henri III et Henri IV. Ils embrassent les événements qui se sont passés depuis 1565 jusqu'en 1587.

Écrits à la hâte, au jour le jour, ils accusent quelquefois de la recherche, plus souvent de la négligence de style, mais sont toujours sans bassesse et d'une lecture agréable. Les tournures archaïques qu'on y remarque leur donnent même une grâce de plus. Elle rapporte tout à sa personne, et ne croit les événements qu'elle raconte dignes de louange ou de blâme qu'autant qu'ils lui ont été avantageux ou nuisibles. Elle se justifie avant d'être accusée, preuve certaine des reproches que lui fait sa conscience.

On y distingue surtout une réserve de plume qui étonne lorsqu'on songe à la vie de cette princesse et qu'on se rappelle les libertés de propos que se permettait Marguerite de Valois, assurément plus vertueuse qu'elle. Elle n'y avoue rien de ses nombreuses amours. A peine laisse-t-elle entrevoir sa passion pour Boissy d'Amboise. « On y trouve, dit Bayle, beaucoup de péchés « d'omission ; mais pouvait-on espérer que la « reine Marguerite avouerait des choses qui eus- « sent pu la flétrir ? » L'histoire, d'ailleurs, n'avait plus rien à voir dans ses faiblesses, désormais sans influence sur les affaires publiques.

Pour mieux faire juger de son style, citons encore un passage de ses *Mémoires*. Quelques-unes des remarques que nous venons de faire y trouveront une facile application. Il s'agit du projet de divorce formé par la cour.

« Ils vont persuader, dit-elle, à la reine, ma « mère, qu'il me fallait démarier. En cette résolu- « tion, estant allée un jour de fête à son lever, « que nous devions faire nos Pâques, elle me « prend à serment de lui dire la vérité, et me « demande si le Roy, mon mary, estoit homme,

« me disant que si cela n'estoit, elle avoit moyen
« de me démarier. Je la suppliai de croire que
« je ne me connoissois pas en ce qu'elle me deman-
« doit : (aussi pouvois-je dire alors comme cette
« Romaine à qui son mari, se courrouçant de ce
« qu'elle ne l'avoit averti qu'il avoit l'haleine
« mauvoise, elle répondit qu'elle croyoit que
« tous les hommes l'eussent semblable, ne s'é-
« tant jamais approchée d'autre homme que de
« luy). Mais, quoique ce fût, puisqu'elle m'y
« avoit mise, j'y voulois demeurer, me doutant
« bien que ce qu'on vouloit m'en séparer estoit
« pour lui faire un mauvais tour. »

Il y a loin de cette candeur à ce que ses biographes nous rapportent de sa vie, en supposant même que la critique ait exagéré ses faiblesses.

Il n'en est pas moins certain que Marguerite a toujours su faire de sa maison le rendez-vous des beaux esprits, et, par une des singularités de son caractère, elle allia à la plus extrême dissipation les études les plus sérieuses.

Le temps même fut sans influence sur cette princesse, et l'âge mûr ressemble chez elle à la jeunesse. Tout en méprisant ses désordres,

Henri IV ne cessait de lui donner, en public du moins, des marques de considération. Il exigea même qu'elle parût en 1610 au sacre et au couronnement de Marie de Médicis, qui occupait sa place, et ce fut sans beaucoup de peine qu'elle subit cette humiliation.

Les dernières années de sa vie se passèrent à Paris, dans le somptueux hôtel qu'elle fit bâtir dans la rue de Seine. « Dix-huit années de con-
« finement lui avaient donné des singularités et
« même des manies; elles éclatèrent alors au
« grand jour. Elle eût encore des aventures ga-
« lantes et sanglantes : un écuyer qu'elle aimait
« fut tué près de son carrosse par un domestique
« jaloux, et le poëte Maynard, jeune disciple de
« Malherbe et l'un des beaux esprits de Mar-
« guerite, fit là-dessus des stances et complaintes.
« Pendant le même temps, Marguerite avait des
« pensées sincères et plus que des accès de dé-
« votion. A côté de Maynard pour secrétaire,
« elle avait Vincent de Paul, jeune alors, pour
« son aumônier. Elle dotait et fondait des cou-
« vents, tout en payant des gens de savoir pour
« l'entretenir de philosophie, et des musiciens

« pour l'amuser pendant les offices divins ou
« dans les heures plus profanes. Elle faisait
« force aumônes et libéralités et ne payait pas
« ses dettes. Ce n'était pas précisément le bon
« sens qui présidait à sa vie. Au milieu de cela
« elle était aimée. » (Sainte-Beuve.)

Les *Mémoires* de Marguerite ont été publiés en 1628, par Auger de Mauléon. Il nous reste aussi d'elle des poésies très agréables pour le temps.

Elle était morte à Paris en 1615, à l'âge de 63 ans, cinq années après la fin déplorable de Henri IV.

Marguerite de France trouva pour rivale, dans l'art d'écrire, la *Belle Cordière*, Louise Labé, qui mania également bien la plume et l'épée.

Elle naquit à Lyon en 1526. La nature semble l'avoir douée de tous les agréments de l'esprit et des grâces de son sexe. Beauté, voix harmonieuse, goût, talents pour la musique et la littérature, tels furent les heureuses dispositions que son père, Charly, dit Labé, riche marchand de Lyon, s'efforça de cultiver par une éducation distinguée. Elle apprit le grec, le latin, l'italien, l'espagnol ; elle excella dans la musique, les travaux à l'aiguille et tous les arts d'agrément, elle se livra avec la même ardeur aux exercices de l'équitation et brilla autant dans les salles d'armes que dans les manèges. Elle aimait à s'habiller en homme, elle se délassait de l'étude par l'équitation et l'escrime ; tous ces succès parurent l'élever encore davantage au-dessus de son sexe.

Joignons à tout cela son goût prématuré pour les aventures. A seize ans, sous le nom de *Capitaine Loys*, dans la guerre contre les Espagnols, elle suivit les troupes envoyées par François Ier en Roussillon, sous la conduite du Dauphin. Elle remporta même des exploits que chantèrent les poètes de son temps :

> En s'en allant tout armée,
> Elle semblait parmi l'armée,
> Un Achille ou bien un Hector.

On suppose néanmoins que l'amour ne fut pas étranger à cette détermination qui la fit marcher à la suite des troupes du Dauphin. Elle aimait un jeune chevalier, disent les uns, — un simple gendarme, disent les autres. — Elle-même a raconté cette époque de sa vie dans sa troisième élégie :

> Qui m'eust vu lors, en armes, fière, aller,
> Porter la lance et bois faire voler,
> Le devoir faire en l'estour furieux,
> Piquer, volter le cheval glorieux,
> Pour Bradamante ou la haute Marphise,
> Sœur de Roger, il m'eust, possible, prise.

Malgré les exploits de l'héroïne, le siège de Perpignan n'eut point de succès, et Louise, qui vraisemblablement attendait les fêtes et les tournois qui auraient suivi la victoire, se vit trompée dans son espoir. Elle déposa alors lance et hoqueton, et s'en revint à Lyon, où elle se livra de plus en plus à son goût pour les lettres. Ce fut au retour de cette expédition qu'elle perdit, — dit-on, — le jeune chevalier dont elle était éprise, et qui devint l'objet de ses vers. Facilement consolée de cette perte, elle épousa Ennemond Perrin, riche marchand cordier de Lyon, d'où lui vint son surnom de *Belle Cordière*.

Ses contemporains la décrivent en effet comme douée d'une beauté séduisante. Les poètes célèbrent à l'envi son front de cristal, les roses épanouies de son teint, ses cheveux d'or qu'ils comparaient aux eaux du Pactole, sa belle main et ses petits pieds.

Louise Labé trouva, d'ailleurs, dans la fortune de son mari de nouveaux moyens de satisfaire sa passion pour les lettres, et, dans un temps où les livres étaient rares et précieux, elle eut une bibliothèque composée des meilleurs ouvrages grecs, latins, italiens, espagnols et français.

Sa maison, l'une des plus belles de la ville et entourée d'immenses jardins, près de la place Bellecour, devint bientôt le rendez-vous de la société élégante de Lyon, des grands seigneurs, comme des poètes et des artistes. C'était une académie, où chacun trouvait à s'amuser et à s'instruire. La poésie, la littérature, les beaux-arts étaient les objets de ces réunions dans lesquelles les talents de la Belle Cordière, l'harmonie de sa voix, la vivacité et l'enjouement de son esprit répandaient beaucoup d'agrément.

Sans doute la galanterie n'était point exclue de ce charmant et docte aréopage, car, « la « *Belle Louise*, dit un de ses biographes, qui ne « vouloit pas que rien manquât à la satisfaction « générale, ne sçut jamais refuser ses faveurs à « ceux qui parurent les désirer. »

Certes, c'est beaucoup dire, car on conçoit

qu'une femme aussi séduisante par les grâces de son sexe que par les charmes de son esprit ne manquait pas de nombreux admirateurs. Aussi le même biographe croit-il bon de mettre un léger correctif. Pour avoir droit à ses faveurs, il fallait être homme de condition ou homme de lettres, et encore cette dernière catégorie obtenait-elle toutes les préférences : « Dans la con-
« currence d'un savant où d'un homme de qua-
« lité, elle faisoit courtoisie à l'un plutôt *gratis*,
« qu'à l'autre pour grand nombre d'écus. »

Véritable *Ninon* de son siècle, elle se vit célébrée par les poètes français et étrangers. La vogue et l'affluence des assemblées qui eurent lieu chez elle furent si grandes qu'elles firent changer le nom de la rue qu'elle habitait en celui de *Belle Cordière*, qu'elle porte encore aujourd'hui.

Elle-même fit parfaitement son portrait, soit dans ses actions aventureuses qui prouvent que tous ses goûts furent des passions, soit dans ses écrits qui la peignent cherchant le bonheur, comme Sapho, dans les illusions d'une imagination ardente et dans les transports et l'ivresse de l'amour.

Dans son enthousiasme, elle ne respecte même pas toujours la décence naturelle à son sexe. Ses écrits ont un ton de licence qui ne trouve son excuse que dans le goût du siècle et son pardon que dans la franchise de l'auteur, qui a, au moins, sur Marguerite de France, le mérite de la sincérité. Qui donc la condamnerait d'écrire ces vers :

> Le tems met fin aux hautes pyramides,
> Le tems met fin aux fontaines humides ;
> Il ne pardonne aux braves Colysées :
> Il met à fin les villes plus prisées,
> Finir aussi il a accoutumé
> Le feu d'amour, tant soit-il allumé !
> Mais, las ! en moy, il semble qu'il augmente
> Avec le tems, et que plus me tourmente.

On conçoit que la distinction dont Louise Labé était l'objet ne tarda pas à exciter la jalousie des Dames de la ville. On censura ces assemblées, on prétendit que les charmes de Louise et l'usage qu'elle pouvait en faire étaient les seuls motifs des préférences que sa maison s'était attirées ; mais voici ce qui acheva de flétrir sa réputation :

« La *Belle Cordière* était liée d'une amitié in-
« time avec Clémence de Bourges, autre Lyon-

« naise célèbre de son tems. Louise et Clémence
« regardées comme les deux Saphos du seizième
« siècle, vivaient dans la plus parfaite intelligence.
« Mêmes goûts, même rapport de caractère et
« d'humeur, même penchant à l'amour, avec à
« peu près les mêmes charmes pour l'inspirer.
« On les citoit comme un exemple d'union sin-
« cère entre deux femmes. La jalousie rompit
« ces beaux nœuds. Louise Labé trahit son amie
« dans une circonstance bien sensible ; elle lui
« enleva son amant. Dès lors, elles devinrent
« ennemies mortelles. Clémence de Bourges, qui
« avoit jusques-là mis sa gloire à contribuer à
« celle de son amie et à vanter ses ouvrages, n'y
« vit plus que d'horribles défauts et en fit, ainsi
« que de sa personne, une critique sanglante.
« Sa conduite ne fut plus à ses yeux qu'un tissu
« de scandales et ses vers que l'expression du
« déréglement. »

La *Belle Cordière* composa vingt-quatre sonnets, (dont le premier est en italien), et trois
élégies.

Parmi ses poésies, il faut remarquer *l'Ode à
Vénus* (adressée à l'étoile du soir) ; l'ode à *Une*

femme aimée, imitation de Sapho ; et une épître aux *Dames de Lyon*.

Mais son œuvre capitale en prose est : *Le Débat de Folie et d'Amour*, scènes dialoguées d'un grand style.

C'est précisément à Clémence de Bourges, alors son amie, qu'elle dédia cet ouvrage. Cette dédicace est très remarquable, nous en extrayons le passage suivant où elle excite les femmes à cultiver les Lettres :

« Ne pouvant de moi-même satisfaire au bon
« vouloir que je porte à notre sexe, de le voir,
« non en beauté seulement, mais en science et
« en vertu, passer ou égaler les hommes, je ne
« puis faire autre chose que prier les vertueuses
« dames d'eslever un peu leurs esprits par dessus
« leurs quenouilles et fuseaux, et s'employer à
« faire entendre au monde, que si nous ne
« sommes faites pour commander, si nous ne de-
« vons estre desdaignées pour compagnes, tant
« ès-affaires domestiques que publiques, de ceux
« qui gouvernent et se font obéir. Et outre la
« réputation que notre sexe en recevra, nous
« aurons valu au public que les hommes met-

« tront plus de peine et d'estude aux sciences
« vertueuses, de peur qu'ils n'ayent honte de
« voir précéder celles desquelles ils ont prétendu
« estre toujours supérieurs quasi en tout. »

Le *Débat de Folie et d'Amour* est une espèce de drame en cinq actes. La scène se passe dans l'Olympe. L'auteur suppose que Jupiter avait fait préparer un grand festin auquel tous les Dieux étaient invités. L'Amour et la Folie arrivent en même temps sur la porte du palais. La Folie voulant entrer la première repousse l'Amour qui veut passer avant elle. De là, une grande dispute sur leurs droits et préséances.

L'Amour met la main à son arc et veut décocher une flèche à la Folie qui soudain se rend invisible. Puis, pour se venger elle-même, elle arrache les yeux à Cupidon et lui applique un bandeau avec tant d'art qu'il est impossible de le lui enlever. Vénus va se plaindre à Jupiter, qui assemble son tribunal pour juger ce différend. Apollon sera l'avocat de l'Amour et Mercure celui de la Folie. Nous choisissons quelques extraits du plaidoyer d'Apollon :

– « ..... Qui est celui des hommes qui ne prenne

« plaisir, ou d'aymer, ou d'estre aymé ? Je laisse
« ces mysanthropes et taupes cachées sous terre,
« et enseveliz de leurs bizarries, lesquels auront
« par moi tout loisir de n'estre point aymez,
« puisqu'il ne leur chaut d'aymer... Et néan-
« moins il vaut mieus en dire un mot, à fin de
« connoître combien est mal plaisante et misé-
« rable la vie de ceus qui se sont exemptez
« d'amour : ils disent que ce sont des gens
« mornes, sans esprit, qui n'ont grâce aucune à
« parler, une voix rude, un aller pensif, un vi-
« sage de mauvaise rencontre, un œil baissé,
« craintifs, avares, impitoyables, ignorans, et
« n'estimans personne : *lous garous*... »

« Mais celui qui désire plaire incessamment
« pense à son fait : mire et remire la chose
« aymée : suit les vertus qu'il voit lui estre
« agréables, et s'adonne aux complexions con-
« traires à soy-même, comme celuy qui porte
« le bouquet en main donne certain jugement de
« quelle fleur vient l'odeur et senteur qui plus
« luy est agréable... »

« Et que dirons-nous des femmes, l'habit
« desquelles et l'ornement de corps dont elles

« usent, est fait pour plaire, si jamais rien fust
« fait. Est-il possible de mieux parer une teste
« que les dames font et feront à jamais, avoir
« cheveux mieus dorez, crespez, frisez ?... Quelle
« diligence mettent-elles au demeurant de la
« face, laquelle, si elle est belle, elles contre-
« gardent tant bien contre les pluies, vents, cha-
« leurs, tems et vieillesse, qu'elles demeurent
« presque tousjours jeunes ?... Et avec tout cela,
« l'habit propre comme la feuille autour du fruit.
« Et s'il y ha perfeccion du corps, ou linéament
« qui puisse ou doive estre vu et montré, bien
« peu le cache l'agencement du vêtement ; ou,
« s'il est caché, il l'est en sorte que l'on le cuide
« plus beau et délicat. Le sein apparaît de tant
« plus beau qu'il semble qu'elles ne le veuillent
« estre vu : les mamelles en leur rondeur rele-
« vées font donner un peu d'air au large estomac.
« Au reste la robbe bien jointe, le corps estréci
« où il le faut ; les manches serrées, si le bras
« est massif ; sinon, larges et bien enrichies ;
« la chausse tirée, l'escarpin façonnant le petit
« pié, (car le plus souvent l'amoureuse curiosité
« des hommes fait rechercher la beauté jusques

« au bout des piez). Tant de pommes d'or,
« chaines, bagues, ceintures, pendants, gans
« parfumés, manchons ; et en somme tout ce qui
« est de beau, soit à l'accoutrement des hommes
« ou des femmes, Amour en est l'auteur, etc... »

Mercure parla après Apollon, pour la Folie, avec non moins de longueur et d'éloquence, et Jupiter, voyant cette diversité d'opinions, prononça ce jugement :

« Nous avons remis votre affaire d'ici à trois
« fois sept fois neuf siècles. Et cependant vous
« commandons vivre amiablement ensemble,
« sans vous outrager l'un l'autre. Et guidera
« Folie l'aveugle Amour et le conduira partout
« où bon lui semblera, et sur la restitution de
« ses yeux, après en avoir parlé aux Parques, en
« sera ordonné. »

On sait le magnifique parti que La Fontaine a tiré de cette fiction dans l'une de ses plus belles fables : *l'Amour et la Folie*.

Ce que nous venons de dire suffit pour faire apprécier la prose de la *Belle Cordière*. Elle est élégante et pleine de nerf, elle court alerte et dégagée comme celle des maîtres. On ne peut qu'admirer les gracieuses images poétiques dont elle est parsemée, telles que celle-ci : *l'Habit propre comme la feuille autour du fruit,* dit-elle en parlant de la toilette des dames.

En poésie, elle laisse plus à désirer, son vers est dur, heurté ; on y trouve des incorrections et des obscurités ; mais on y sent souvent une passion vraie, et la plupart des pensées sont bien appropriées aux situations. Dans quelques-uns de ses sonnets surtout, s'épanche une douleur naturelle et touchante.

Louise Labé mourut en 1566, un an après son mari qui l'avait nommée son héritière universelle.

Louise Labé laisse loin derrière elle Clémence de Bourges, Pernette du Guillet, et les Dames des Roches, de Poitiers, ses contemporaines.

Clémence de Bourges était d'une famille connue et distinguée à Lyon et laissa un certain nombre de poésies. Promise à Jean du Peyrac, qu'elle aimait, elle conçut une si vive douleur de sa mort, arrivée au siège de Beaurepaire, qu'elle ne put lui survivre. Ses funérailles à Lyon furent un véritable triomphe. On la promena par toute la ville, le visage découvert et la tête couronnée de fleurs.

Pernette du Guillet dédia également ses ouvrages aux Dames lyonnaises. Elle unissait la vertu au talent, et la connaissance des langues à l'art des vers.

Les dames des Roches, nées à Poitiers, se firent connaître vers l'an 1570 par des pièces de théâtre intitulées : *Panthée* et *Tobie*. Elles moururent toutes deux à Poitiers, le même jour, de la peste.

Nous ne pouvons que nommer Georgette de Montenay, dame de la cour de Jeanne d'Albret ; Catherine de Parthenay, fille du seigneur de Soubise. Mariée en premières noces, dès l'âge de treize ans, à Charles de Quellenc, elle trouva dans l'impuissance de son mari un motif suffisant de divorce. Elle épousa en secondes noces Réné, vicomte de Rohan, prince de Léon, dont elle eut le fameux duc de Rohan, le duc de Soubise et trois filles. On sait que l'une de ces filles fit à Henri IV cette fière réponse : « Je suis trop pau-
« vre pour être votre femme, et de trop bonne
« maison pour être votre maîtresse. »

Faut-il nommer encore Elisene de Crenne, auteur des *Angoisses douloureuses qui procèdent d'amour ;* — Suzanne Habert, qui publia des *OEuvres poétiques* (1582) ; — Modeste Dupuis, qui écrivit un *Traité du mérite des femmes :* — Philiberte de Fleurs, qui a fait les *Soupirs de la Viduité,* etc... ?

Marie de Jars, demoiselle de Gournai, mériterait plus qu'une simple mention. On sait qu'ayant perdu son père dans un âge peu avancé, elle en prit un par adoption : ce fut Michel Montaigne, qui l'aima tendrement et dont elle fit imprimer les *Essais,* avec quelques corrections. Elle les dédia au cardinal de Richelieu qui lui fit donner une pension du roi.

Elle fut elle-même auteur de plusieurs pièces de poésie, entre autres du *Bouquet du Pinde,* et d'autres ouvrages manuscrits imprimés après sa mort sous ce titre : *L'Ombre de Mlle de Gournai.*

Ses contemporains racontent sur Mlle de Gournai une anecdote fort curieuse connue sous le nom des *Trois Racan.* Alexandre Dumas s'en est emparé et, avec l'esprit qu'on lui connaît, en a fait un des plus charmants épisodes du septième chapitre de *Louis XIV et son siècle*. Nous y renvoyons les lecteurs qui voudront s'amuser à l'occasion de ce fait parfaitement authentique, nous contentant de le résumer ici :

Suivant l'usage déjà en vogue à cette époque, elle envoya un de ses ouvrages qui venait de paraître à plusieurs beaux esprits de son temps, et entre autres à Racan.

Or, lorsque Racan reçut ce gracieux envoi, il avait chez lui le chevalier de Bueil et Ivrande, et déclara devant eux que le lendemain, sur les trois heures, il irait remercier Mlle de Gournai. Cette déclaration ne fut pas perdue pour les deux amis qui résolurent de jouer un tour à Racan.

Le lendemain, en effet, vers une heure, le chevalier de Bueil vint heurter à la porte de la vieille bonne fille et se présenta sous le nom de Racan. Il captiva par son esprit Mlle de Gournai et ne se retira qu'après l'avoir laissée enthousiaste de lui, et emportant force compliments sur sa courtoisie.

Il était à peine sorti qu'Ivrande entra à son tour.

Il se mit aussitôt à lui réciter des vers qu'il prétendait être de sa façon et qu'il était heureux de lui offrir, disait-il, en échange de son livre.

— Mais, dit la vieille demoiselle, ces vers sont de M. Racan !

— Aussi suis-je M. Racan lui-même et bien votre serviteur, dit Ivrande en se levant.

— Monsieur, vous vous moquez de moi, dit la pauvre fille qui n'y comprenait plus rien.

— Moi, mademoiselle, s'écria Ivrande, moi me moquer de la fille du grand Montaigne, de cette héroïne poétique dont Lipse a dit : *Videamus quid sit paritura ista virgo ;* — et le jeune Heinsius : *Ausa virgo concurrere vivis scandit supra viros.*

— Bien ! bien ! dit la demoiselle de Gournai, accablée sous cette avalanche d'éloges ; alors celui qui vient de sortir a voulu se moquer de moi. Mais, n'importe, la jeunesse a toujours ri de la vieillesse...

Ivrande la charma si bien pendant trois quarts d'heure, qu'il la laissa persuadée que, cette fois, elle avait eu affaire au véritable auteur des *Bergeries.*

Ce fut bien autre chose quand, après le départ d'Ivrande, entra le vrai Racan, qui, un peu asthmatique, arriva tout essoufflé et se laissa tomber sur un fauteuil.

— Oh ! la ridicule figure, s'écria Mlle de Gournai, ne pouvant détacher ses yeux de Racan et éclatant de rire : — Mademoiselle, je suis Latan, dit Racan, qui, on se le rappelle, ne pouvait prononcer ni les R ni les C.

— Comment, vous êtes Latan ?

— Je ne vous dis pas Latan, je dis Latan.

Et le pauvre poète faisait des efforts inouïs pour dire son nom qui, contenant malheureusement sur cinq lettres les deux qu'il ne pouvait pas prononcer, demeurait si étrangement défiguré que Mlle de Gournai pour le mieux comprendre donna une plume au malencontreux visiteur, qui de sa plus belle main écrivit : *Racan.*

— Racan ! s'écria Mlle de Gournai stupéfaite au delà de toute expression, oh ! le joli personnage pour prendre un pareil nom !... Au moins les deux autres étaient-ils aimables et plaisants !...

Racan eut beau se débattre. Devant la fureur croissante de la vieille fille, il comprit qu'il était joué, et tout asthmatique qu'il était, il se pendit à la corde de l'escalier et descendit rapide comme une flèche.

On juge du désespoir de Mlle de Gournai quand elle apprit qu'elle avait mis à la porte le seul des trois Racan qui fut le vrai. Elle courut lui faire une visite de réparation, et, depuis ce jour, ils furent les meilleurs amis du monde.

CHAPITRE IV

SIÈCLE DE LOUIS XIV

Mme de Rambouillet. — Mlle de Scudéry. — Mme de Motteville. — Mme de Nemours. — Mlle de Montpensier. — Ninon de Lenclos. — Mme Deshoulières.

Un siècle après, dans ce beau pays de France, ce n'est pas seulement à la cour de Louis XIV que l'influence des femmes se fait sentir. Tandis que les La Vallière, les Fontanges, les Montespan, les Maintenon agitent Versailles et soumettent le roi à leur pouvoir, à Paris la société brille aussi par l'esprit que ce sexe montre dans tous les rangs.

Mme de Rambouillet, entourée de son aréopage

féminin, décide souverainement du mérite des ouvrages et des auteurs. Chaque écrivain de mérite trouve alors sa providence : Quinault dans Mmes de Thianges et de Montespan ; Racine et Boileau dans Mme de Maintenon ; La Fontaine dans la duchesse de Bouillon et dans Mme de La Sablière.

Dans un autre ouvrage (*Histoire de la critique littéraire*), nous avons rappelé l'influence exercée par l'hôtel de Rambouillet sur le goût et le langage du dix-septième siècle et marqué la place importante occupée par le plus célèbre de nos salons littéraires dans l'histoire de la civilisation et de la littérature.

Ce fameux hôtel était situé rue Saint-Thomas-du-Louvre, l'une des rues fort courtes du vieux Paris, qu'a fait disparaître depuis l'achèvement du Louvre et qui occupait l'espace compris entre le Palais-Royal et le Carrousel.

Nous avons esquissé aussi la vie de la marquise de Rambouillet. Cette étude précédente nous permettra d'abréger ici ce que nous avons à dire de la célèbre marquise.

Née à Rome en 1588, elle était fille de Jean de

Vivonne, marquis de Pisani, habile diplomate de la fin du seizième siècle ; et de Julie Savelli, dame romaine. C'est une des personnes qui contribuèrent le plus à former en France cette société dont les manières nobles et délicates, répandues peu à peu dans les diverses cours de l'Europe, donnèrent naissance à cette politesse recherchée, devenue l'expression et l'usage de la bonne société. Dès l'âge de douze ans elle fut mariée à Charles d'Angennes, alors vidame du Mans, qui devint, en 1611, par la mort de son père, marquis de Rambouillet. Jusqu'à cette époque, l'hôtel qu'elle lui apportait en dot, portait le nom d'hôtel Pisani.

Quand elle parut à la cour de Henri IV, bientôt après son mariage, elle en fut un des ornements ; mais en même temps la délicatesse de ses goûts lui inspira une horreur précoce pour l'étrange corruption de mœurs qui y régnait. Les assemblées du Louvre ne furent plus pour la jeune femme qu'une cohue de courtisans. Aussi conçut-elle promptement la pensée de se créer ailleurs une société d'élite. C'était un rôle auquel, plus que personne, elle avait droit de prétendre. Ce rôle lui était rendu facile par sa grande fortune, son rang, les alliances des deux familles auxquelles elle appartenait, non moins que par son mérite personnel.

Elle avait pris en Italie le goût « des belles choses. » L'hôtel ne lui plaisant plus, elle le fit mettre à bas. Elle-même fut l'architecte de celui qu'elle fit élever sur l'emplacement du premier. Elle inventa ces distributions grandioses qui transforment les appartements destinés aux réceptions en une belle suite de galeries et de salons. L'effet en fut si prodigieux que Marie de Médicis, faisant construire le palais du Luxembourg, donna l'ordre à ses architectes d'aller étudier l'hôtel de Rambouillet et d'en examiner avec soin les dispositions intérieures.

Catherine de Vivonne avait vu dans d'autres pays des alcôves ; elle fut la première à en introduire l'usage en France. Aux couleurs monotones de rouge et de tanné (feuilles mortes), dont les chambres étaient alors presque exclusivement décorées, elle substitua l'emploi de couleurs variées. De là vint cette célèbre *Chambre bleue*, éclairée sur des jardins par de hautes fenêtres, et ce joli cabinet, dit la *Loge de Zirphée*, chanté par Chapelain et Voiture.

Mais le premier et incontestable titre de gloire de Mme de Rambouillet, c'est l'hospitalité si large et si gracieuse que, pendant plus d'un demi-siècle, elle offrit à l'élite de la société française. L'honneur d'être admis chez elle fut vivement ambitionné. On y vit bientôt des femmes d'une haute naissance, des princes, des seigneurs français et étrangers, des écrivains, des poètes, des cardinaux, des prélats. Par la vivacité de son esprit, elle animait toute cette belle société, avec une dignité qui donnait à son cercle une véritable puissance morale.

C'est avec raison que le duc de Saint-Simon dira plus tard : « C'était le rendez-vous de tout
« ce qu'il y avait de plus distingué en condition
« et en mérite ; un tribunal avec qui il fallait
« compter, et dont la décision avait un grand
« poids dans le monde sur la conduite et la ré-
« putation des personnes de la cour et du grand
« monde. »

On y voyait du côté des hommes, — pour ne nommer que les écrivains, — le grand Corneille,

Racan, Voiture, Benserade, Balzac, Vaugelas, Godeau, évêque de Grasse, Ménage, Rotrou, Saint-Évremont, l'avocat Patru, Chapelain, alors dans tout l'éclat de sa gloire éphémère.

Les femmes qui fréquentaient l'hôtel de Rambouillet prirent le nom de *précieuses*. C'était un titre d'honneur et comme un diplôme de bel esprit et de pureté morale. Elles se divisaient, suivant l'âge, en *jeunes* et *anciennes*, (le nom de *vieilles* aurait été trop rude pour leur délicatesse), et, dans l'ordre moral, elles se classaient en *galantes* ou *spirituelles*, selon leur vocation pour les délicatesses du sentiment ou les finesses de l'esprit.

On remarquait de ce côté : la marquise de La Fayette, Mme de Sévigné, Mme Deshoulières, etc. Mlle de Scudéry s'y rencontrait avec Mlle Coligny, devenue célèbre sous le nom de comtesse de la Suze, et avec la marquise de Sablé, celle qui devait inspirer à La Rochefoucauld ses *Maximes*. Mlle de Bourbon-Condé, plus tard duchesse de Longueville, par son éclatante beauté et sa grâce nonchalante, était l'idole de cette société, et ce n'était pas une médiocre gloire pour

Mme de Rambouillet et pour sa fille Julie, l'héroïne de la fameuse *Guirlande*, que de soutenir ce redoutable voisinage.

Du contact de ces deux aristocraties, celle de l'esprit et celle du rang, jusqu'alors séparées, sortit un art tout nouveau, cet art de la conversation, qui fut, depuis, le principal prestige de nos salons.

Les anciens connaissaient la conversation entre hommes, mais c'est en France que naquit la vraie et complète conversation entre les deux sexes.

« Ce qui distingue notre nation entre toutes
« les autres, dit un critique, c'est sa supériorité
« dans l'art de converser. Le conte, ou la conver-
« sation écrite, inaugure notre littérature. Le
« mouvement lyrique a pu nous manquer par-
« fois, mais tout ce qui tient à la conversation,
« de l'épigramme à la comédie, préexcelle dans
« notre langue. »

Or, la conversation aimable avait été un moment en honneur à la cour de François Ier, et surtout de sa sœur Marguerite, mais les guerres religieuses, la Ligue, en effrayant les femmes, avaient détruit les réunions : « On se battait, on faisait l'amour, on ne causait plus. » (J. Fleury.)

Le triomphe de Henri IV ne restaura pas la conversation : on se battit moins en rase campagne, on se battit plus en duel, et l'on se donna encore plus aux plaisirs. Il y eut toujours dans le Béarnais du soldat et de l'aventurier. Sa cour ressemblait quelque peu à un camp, et la littérature jouissait d'une licence analogue.

Une réaction était imminente : Malherbe la commença, l'hôtel de Rambouillet la continua, la compléta, et même, — comme tous les réformateurs, — dépassa le but.

Pour dire vrai, l'hôtel de Rambouillet s'était d'abord posé comme une protestation contre la cour. Dans notre langage contemporain, on l'eût appelé un salon d'opposition. Tout bas, sous le manteau de la cheminée, on médisait de Henri IV, de ses ministres, de ses favorites. On se chuchotait à l'oreille ces malignes et piquantes historiettes que Tallemant des Réaux nous a transmises pour les y avoir entendues.

Naturellement on prit le contre-pied de la cour. La volupté marchait à la cour le front découvert, — on afficha la pruderie ; — Henri s'occupait de guerre, on préconisa la paix et ses loisirs ; — au lieu d'agir, on parla ; — et comme les femmes faisaient la loi, on mit en tout de l'esprit, de la noblesse, de la délicatesse, de la grâce, au risque de pousser l'esprit jusqu'à la recherche, la délicatesse jusqu'à la mignardise, et la noblesse jusqu'à la préciosité.

Le mouvement de la Renaissance était continué, mais il tournait à la fadeur pastorale. En travaillant à épurer la langue, on arriva insensiblement au raffinement et au faux-goût. De licencieuse, la galanterie se fit pédante.

Catherine de Vivonne vit son prénom se changer, grâce à Malherbe qui en fit l'anagramme, en celui d'Arthénice. Tous les habitués de l'hôtel reçurent ainsi un nom *précieux*. C'est sous ce nom d'Arthénice que la marquise figure, par exemple, en costume de Pastourelle, dans les *Bergeries* de Racan, qui prit soin d'ailleurs, pour éviter toute confusion, d'en avertir le lecteur dans sa préface.

Les réunions de l'hôtel de Rambouillet brillèrent sous Louis XIII, et, suspendues un peu pendant la Fronde en 1648, elles recommencèrent en 1652. Elles avaient lieu le plus souvent dans la grande chambre où était le lit de la maîtresse de maison. Les lits étaient adossés à la muraille, et l'espace qui régnait des deux côtés prenait le nom de *ruelle*. On le décorait avec beaucoup de luxe, et c'était là que se plaçaient les invités, qu'il y eut alcôve ou non. On pouvait recevoir sans être dans son lit, mais on s'y plaçait souvent, d'après d'Aubignac, pour tenir ruelle plus à son aise.

« Je crois voir la déesse d'Athènes, dit en
« parlant de Mme de Rambouillet, Mlle de Mont-
« pensier dans un roman allégorique *(la Prin-
« cesse de Paphlagonie)*, —, en un enfonce-
« ment où le soleil ne pénètre point, mais
« d'où la lumière n'est pas tout à fait bannie ;
« cet antre est entouré de grands vases de cristal
« pleins des plus belles fleurs du printemps.....
« Autour d'elle, il y a force tableaux de toutes
« les personnes qu'elle aime..... Il y a encore
« force livres sur des tablettes qui sont dans cette
« grotte. On peut juger qu'ils ne traitent de rien
« de commun, etc..... »

La marquise n'a laissé aucun ouvrage. On a seulement d'elle des lettres agréablement écrites, recueillies par Conrart. Elle-même composa, dans sa vieillesse, son épitaphe qui respire une morose mélancolie. On lui doit aussi un joli madrigal sur la fontaine jaillissante de Mlle de Montpensier. L'origine de ces derniers vers lui est même contestée ; Cousin voudrait plutôt les attribuer à Malherbe. Mais si elle ne songea pas à prendre rang parmi les écrivains et les poètes qu'elle aimait passionnément, son nom n'en est pas moins inséparable des annales de l'une des plus importantes périodes de la littérature française. A ce titre, elle a un droit marqué à figurer dans notre galerie.

Le nom de Catherine de Vivonne nous amène à parler, sans transition, de Madeleine de Scudéry. Elle était née au Havre en 1607. Aussitôt que son éducation fut terminée, elle vint à Paris. Admise à l'hôtel de Rambouillet, elle y rencontra tous les beaux esprits de l'époque et elle en devint elle-même bientôt l'un des plus illustres ornements.

Le goût et l'inclination, et plus encore sans

Mme DESHOULIÈRES

doute le besoin de réparer les torts de la fortune, la portèrent à composer des ouvrages qu'elle publia d'abord sous le nom de son frère.

Il y a peu de noms plus connus dans les lettres que celui de Mlle de Scudéry ; il y a aussi peu d'ouvrages moins lus que les siens. Voltaire et La Harpe, de leur propre aveu, n'ont jamais pu lire jusqu'au bout un seul roman de la Sapho du dix-septième siècle. Nous ne nous flatterons pas d'avoir plus de courage qu'eux. Il n'en faut pas tant lire, d'ailleurs, pour être bientôt édifié sur le mérite littéraire de l'auteur. Au lieu des bergers de Lignon, que d'Urfé faisait disputer longuement sur les nuances délicates de l'amour, c'est dans la bouche des héros de l'antiquité que Madeleine de Scudéry met le jargon précieux des ruelles. Elle justifie dans une large mesure les reproches de Boileau, et au lieu de faire de Cyrus un modèle de toute perfection, elle nous le présente comme un Artamène « plus fou que
« tous les Céladons et tous les Sylvandres, qui
« n'est occupé que du soin de sa Mandane, qui
« ne sait du matin au soir que lamenter, gémir
« et filer le parfait amour. Elle a encore fait pis

« dans un autre roman intitulé Clélie, où elle
« représente tous les héros de la République
« romaine naissante, les Horatius Coclès, les
« Mutius Scevola, les *Clélie*, les Lucrèce, les Bru-
« tus, encore plus amoureux qu'Artamène, ne
« s'occupant qu'à tracer des cartes géogra-
« phiques d'amour, qu'à se proposer les uns
« aux autres des questions et des énigmes ga-
« lantes....... »

Et pourtant ces volumineux romans obtinrent alors le succès le plus retentissant, ce qui prouve une fois de plus que tel était bien le goût général de ce siècle et que Boileau, Molière, Racine, dont les noms se présentent d'eux-mêmes à l'esprit quand on pense au siècle de Louis XIV, ne furent qu'une brillante mais toute petite exception, les fondateurs d'une école qu'ils ne purent établir qu'en rompant en visière avec les idées et traditions en vogue.

Voyez plutôt : Ménage s'indigne contre ceux qui blâment la longueur des romans de Mlle de Scudéry : « Ils font voir, dit-il, la petitesse de
« leur esprit, comme si l'on devait mépriser Ho-
« mère et Virgile, parce que leurs ouvrages con-

« tiennent plusieurs livres chargés de beaucoup
« d'épisodes et d'incidents qui en reculent néces-
« sairement la conclusion. »

La robe, l'épée, le clergé s'unissent pour exalter le mérite de *Cyrus* et de *Clélie*. C'est ainsi, par exemple, que Mascaron, évêque de Tulle, prédicateur fort couru, écrit à Mlle de Scudéry, le 12 octobre 1672 : « Quoique vous n'ayez pas
« eu le public en vue de tout ce que vous avez
« fait, je sais très bon gré au public de vous
« avoir toujours en vue, et de s'informer soi-
« gneusement de l'emploi d'un loisir dont il me
« semble que vous devez quelque compte à toute
« la terre. L'occupation de mon automne est la
« lecture de *Cyrus*, de *Clélie* et d'*Ibrahim*. Ces
« ouvrages ont toujours pour moi le charme de
« la nouveauté ; et j'y trouve tant de choses pro-
« pres pour réformer le monde, que je ne fais
« point de difficulté de vous avouer que, *dans les*
« *sermons que je prépare pour la Cour, vous serez*
« *très souvent à côté de saint Augustin et de saint*
« *Bernard.* »

Après une telle déclaration, on ne s'étonnera plus de voir le même prélat, choisi pour pro-

noncer aux Carmélites l'éloge funèbre de Turenne, solliciter la collaboration de Mlle de Scudéry. Après lui avoir exprimé le regret de manquer de temps pour sa préparation, il ajoute : « Vous pouvez, mademoiselle, m'aider à
« éviter ces inconvénients si vous avez la bonté
« de penser un peu à ce que vous diriez, si vous
« étiez chargée du même emploi. Je vous le
« demande très instamment et je sais bien à qui
« je m'adresse. Si j'avais plus le temps et si je
« passionnais moins le succès de cette affaire, je
« ne prendrais pas cette liberté; mais je suis
« comme un homme pressé qui est obligé d'em-
« prunter de tous côtés pour faire la somme
« qu'on lui demande. »

Fléchier ne garde pas beaucoup plus de mesure dans ses éloges quand il lui écrit : « En vérité,
« mademoiselle, il me semble que vous croissez
« toujours en esprit; tout est si raisonnable, si
« poli, si moral, si instructif dans ces deux vo-
« lumes......... qu'il me prend quelquefois envie
« d'en distribuer dans mon diocèse, pour édifier
« les gens de bien et pour donner un bon mo-
« dèle de morale à ceux qui la prêchent. »

Il n'est pas jusqu'à Port-Royal, malgré son austérité, qui ne dévore avec avidité les pages de la *Clélie* : « On fit venir au désert, — dit Ra-
« cine, — ce roman où Mlle de Scudéry avait
« fait une peinture avantageuse de Port-Royal ;
« il y courut de main en main, et tous les soli-
« taires voulurent voir l'endroit où ils étaient
« traités d'*illustres*. »

Et ce ne sont pas les hommes seuls qui célèbrent à l'envi le talent de Mlle de Scudéry ; loin de se montrer jalouses, les femmes les plus distinguées par leur esprit, Mmes Dacier, de Sévigné, Descartes, etc., renchérissent encore sur ces louanges prodigieuses.

Il est facile d'expliquer l'immense réputation de Mlle de Scudéry. L'esprit et l'imagination ne firent pas seuls le succès de ses romans. Elle avait surtout la prétention d'amuser les *ruelles* et les *réduits* les mieux fréquentés. C'est à ce soin qu'il faut attribuer les nombreuses histoires qu'elle lie tant bien que mal à l'intrigue principale de ses ouvrages. Ajoutons qu'elle ne composait pas tout d'une haleine ; elle divisait ses romans en plusieurs parties, et ne publiait qu'un ou deux volumes par an. Elle y introduisait alors, au fur et à mesure, toutes les questions débattues dans les salons ; elle se faisait l'écho de toutes les bagatelles, de toutes les futilités à l'ordre du jour, et la société élégante applaudissait à la fidèle peinture de ses mœurs. On démasquait les personnages; sous le casque des Romains, ou dans la salle de bains des plus jolies Persanes, on reconnaissait les habitués de l'hôtel de Rambouillet. Aussi, il fallait voir avec quel enthousiasme la foule des beaux esprits affluait aux samedis de l'immortelle Sapho !

Il est probable que l'affabilité de ses manières, son commerce agréable et poli ne contribuèrent pas peu à rehausser l'éclat de son talent littéraire. On sait qu'elle était d'une extrême laideur ; ses traits épais et lourds étaient loin de faire soupçonner sa supériorité; mais elle rachetait bien ce défaut physique par de solides qualités du cœur. Elle inspira néanmoins plusieurs passions violentes, et Pélisson, qu'elle a peint sous le nom d'Alcante, ne fut pas, dit-on, indifférent à son *mérite,* pour employer le style de l'époque. Il eut, entre autres rivaux, Conrart, le premier secrétaire perpétuel de l'Académie ; mais plus que tout autre, paraît-il, Madeleine de Scudéry méritait l'épithète que Ninon adressait aux Précieuses, qu'elle appelait assez heureusement les *Jansénistes de l'amour;* et elle voulut toujours rester étrangère au sentiment sur lequel elle passa sa vie entière à disserter avec la métaphysique du cœur.

On nous fera facilement grâce de la liste assez longue des ouvrages de Mlle de Scudéry. Leurs défauts appartiennent moins à elle-même qu'à la société dont elle était le peintre fidèle. Il est même, au contraire, bon nombre de pages détachées qu'on trouverait excellentes si on oubliait leur entourage. On peut en dire autant de ses nombreuses pièces de vers, dont plusieurs ne manquent pas de naturel. Son joli quatrain sur les œillets du Grand Condé vaut à lui seul plus d'un poème du même temps :

En voyant les œillets qu'un illustre guerrier
Arrose d'une main qui gagne des batailles,
Souviens-toi qu'Apollon a bâti des murailles,
Et ne t'étonne pas que Mars soit jardinier.

« Lorsqu'on lit les auteurs contemporains, —

« dit un critique, — on est vraiment étonné du
« rang que M{llc} de Scudéry a tenu dans les let-
« tres et du rôle qu'elle a joué dans le monde.
« On peut dire qu'elle a reçu plus d'hommages
« que Mme de Sévigné elle-même. La Cour et la
« Ville s'occupaient de ses moindres actions et
« de ses moindres paroles. Il n'était pas jusqu'à
« la fauvette, hôtesse habituelle de son jardin,
« qui ne fut célébrée par les poètes. La mort de
« deux caméléons qu'elle prenait plaisir à nour-
« rir dans son salon mit Paris en rumeurs. »

Et cet empressement continua pour Mlle de Scudéry pendant toute sa vie, qui dura près d'un siècle. Elle mourut à Paris en 1701.

Pendant que Madeleine de Scudéry soulevait autour d'elle une admiration qui devait peu lui survivre, Mme de Motteville se tenait à l'écart. Placée au milieu d'une cour brillante dont elle ne partageait pas la dissipation, elle observait attentivement les hommes et les choses, et écrivait ses curieux *Mémoires pour servir à l'histoire d'Anne d'Autriche*. Les cabales, les intrigues sont pour elle un spectacle où, sans être entièrement désintéressée, elle ne joue pas un rôle actif. « Je

« ne songeais pour lors, — dit-elle, — qu'à me
« divertir de tout ce que je voyais, comme d'une
« belle comédie qui se jouait devant mes yeux. »
Telle est du moins l'idée que nous donne d'elle
Mᵐᵉ de Sévigné, qui n'en parle qu'une fois pour
nous la montrer rêvant profondément, idée que
vient confirmer la lecture de ses *Mémoires,* qu'elle
avait entrepris d'écrire par attachement et reconnaissance pour la Reine : « Ce que j'ai mis
« sur le papier,— dit-elle dans l'avertissement,—
« je l'ai vu et je l'ai ouï ; et pendant la régence,
« qui est le temps de mon assiduité auprès de
« cette princesse, j'ai écrit sans ordre de temps
« et quelquefois chaque jour, ce qui m'a paru
« tant soit peu remarquable. J'ai employé à cela
« ce que les dames ont accoutumé de donner au
« jeu et aux promenades, par la haine que j'ai
« toujours eue pour l'inutilité de la vie des gens
« du monde. »

On trouve en effet dans cet écrit un caractère
de simplicité et de vérité qui entraîne la confiance. Son style, ainsi que le remarque Sainte-
Beuve, est simple, uni, assez peu correct dans
l'arrangement des phrases, retouché maladroi-

tement par l'éditeur, mais excellent et bien à elle pour le fond de la langue et de l'expression. Aucun de ses contemporains ne donne des détails plus intéressants et plus authentiques, soit sur la vie privée d'Anne d'Autriche, soit sur les ressorts secrets qui ont fait agir la Cour pendant les troubles de la Fronde.

En parlant des femmes qui, dans leurs *Mémoires*, ont raconté avec esprit les agitations récentes du royaume, nous ne pouvons oublier Marie d'Orléans, duchesse de Nemours. Dans un style élégant et facile, elle a écrit avec beaucoup de finesse et de pénétration de précieux *Mémoires sur ce qui s'est passé de plus particulier en France pendant la guerre de Paris jusqu'à la prison du cardinal de Retz, en* 1652.

Il nous est encore moins permis d'omettre le nom de Mlle de Montpensier, qu'il suffit d'appeler Mademoiselle, *la grande Mademoiselle*. De son vivant, on imprima d'elle : *Divers portraits, l'Ile invisible, la Princesse de Paphlagonie*. Elle eut surtout le mérite de laisser des *Mémoires* très importants pour l'histoire de la Fronde et celle de la cour de Louis XIV.

Ne serait-il pas téméraire d'ajouter à la suite de ces illustres noms celui de la fameuse Ninon de Lenclos, qui figurerait beaucoup mieux sans doute dans l'histoire des femmes galantes? Elle avait reçu pourtant une éducation très soignée. Elle avait même dans l'esprit quelque chose de sérieux, qui, malgré son humeur volage, lui attacha plusieurs de ses nombreux admirateurs, et, entre autres, Saint-Évremont. Tout en faisant la part d'une indispensable exagération d'amoureux, il y avait du vrai dans ces quatre vers que Saint-Évremont mit au bas de son portrait, et qui sont plus connus que beaucoup d'autres vers de cet auteur :

> L'indulgente et sage Nature
> A formé le cœur de Ninon,
> De la volupté d'Épicure
> Et de la vertu de Caton.

Mais nous n'avons pas à parler de la vertu de Ninon. Elle-même nous en dispense quand elle déclare n'avoir jamais fait à Dieu qu'une prière : « Mon Dieu, faites de moi un honnête homme, et « n'en faites jamais une honnête femme. »

Il ne reste de Ninon qu'un certain nombre de lettres à Saint-Évremont, imprimées dans les œuvres de ce dernier. Elles sont de sa vieillesse et ne rappellent guère son enjouement spirituel et railleur. Un simple quatrain nous donnera une plus juste idée de son esprit :

Le Grand-Prieur de Vendôme, épris des charmes de Ninon, ne cessait de la persécuter. Un jour, poussé à bout par les dédains moqueurs de la belle, il sortit furieux, laissant ces vers sur sa toilette :

> Indigne de mes feux, indigne de mes larmes,
> Je renonce sans peine à tes faibles appas;
> Mon amour te prêtait des charmes,
> Ingrate, tu n'en avais pas!

Ninon lui renvoya de suite la réponse suivante, sur les mêmes rimes :

> Insensible à tes feux, insensible à tes larmes,
> Je te vis renoncer à mes faibles appas;
> Mais si l'amour prête des charmes,
> Pourquoi n'en empruntais-tu pas?

A vrai dire, cet esprit vaut bien celui de Mme Deshoulières, qu'on appelait pourtant alors *la Calliope* de son siècle, comme Mlle de Scudéry en était la Sapho. Nous avons résumé ailleurs (*Histoire de la critique*) la vie de Mme Deshoulières, et nous avons rappelé son zèle pour la

Phèdre de l'insipide Pradon, en même temps que sa partialité et ses cabales contre la *Phèdre* de Racine.

C'est contre Racine qu'elle composa le sonnet qui commence par ces vers :

> Dans un fauteuil doré, Phèdre tremblante et blême
> Dit des vers où d'abord personne n'entend rien.....

Cette parodie burlesque d'un des premiers chefs-d'œuvre de la scène française fit dire avec raison que « cette douce et intéressante bergère, « qui parlait si tendrement aux moutons, aux « fleurs, aux oiseaux, avait changé en cette oc- « casion sa houlette en serpent. »

Boileau n'attendit pas, et, dans sa dixième satire, il fit ce portrait d'Amaryllis (nom dont Mme Deshoulières avait été gratifiée par le chevalier de Grammont) :

> .... C'est une précieuse,
> Reste de ces esprits jadis si renommés,
> Que d'un coup de son art Molière a diffamés ;
> De leurs beaux sentiments cette noble héritière
> Maintient encore ici leur secte façonnière.

Mme Deshoulières écrivit beaucoup, surtout dans le *Mercure galant*. Dès l'an 1672, elle commença à y publier des vers et continua à prodiguer les idylles, les églogues, les odes, les épîtres, les chansons, les madrigaux, les bouts-rimés, etc.

Les Idylles sont assurément ce qu'elle nous a laissé de meilleur. On y trouve de la facilité, de la grâce, de l'élégance même, et des tours heureux qui lui sont propres. Le naturel n'en est pas toujours exclu. Tout le monde connaît la célèbre Idylle des *Moutons*, contre l'Injuste Fortune :

Dans ces prés fleuris, etc..........

Il est fort regrettable que Mme Deshoulières ne se soit pas bornée au seul genre dans lequel elle ait réussi. Mais elle voulut aborder le théâtre!.....
En 1680, elle fit représenter à l'hôtel de Bourgogne *Genséric*. Le plan vicieux de cette tragédie, sa versification sans couleur, firent donner à l'auteur le conseil de *retourner à ses moutons*. L'avis était bon. Mme Deshoulières eut le tort de n'en pas tenir compte. Aussi, subit-elle un nouvel échec avec la tragédie de *Jules-Antoine*, dont on n'a imprimé que des fragments. Elle espéra sans doute mieux réussir dans la comédie et donna ses déplorables *Eaux de Bourbon*. Elle

tenta de se relever de sa lourde chute en produisant un opéra : *Zoroastre et Sémiramis,* qui ne réussit pas mieux. Ayons la franchise de dire que ses misérables rimes en *ailles* et en *eilles,* en *illes* et en *ouilles,* et les vers qu'elle composa pour sa chatte eurent beaucoup plus de succès. Du moins, la ville et la cour s'en amusèrent ; c'est un privilège que n'obtinrent point ses pièces de théâtre.

Mais avant tout, soyons juste : il y a certainement trop d'humeur et de prévention dans le jugement que, dans ses *Lettres,* le poète Rousseau porte sur Mme Deshoulières : « Tout son « mérite, — dit-il, — n'a jamais consisté que « dans une facilité languissante et dans une « fadeur molle et puérile, propre à éblouir de « petits esprits du dernier ordre, comme ceux « qui composaient sa petite académie. »

Ce jugement manque de vérité précisément parce qu'il est trop absolu. Celui de Voltaire, dans son *Siècle de Louis XIV,* est beaucoup plus inoffensif et plus juste : « De toutes les dames « françaises, c'est celle qui a le plus réussi, puis- « que c'est celle dont on a retenu le plus de vers. »

C'est sans regret toutefois que nous quittons Mme Deshoulières pour saluer sa plus glorieuse amie et l'une des plus séduisantes figures de ce siècle, le siècle « de la belle conversation et de « la belle galanterie », comme l'appelle Saint-Simon.

CHAPITRE V

SIÈCLE DE LOUIS XIV

(Suite.)

Mme de Sévigné. — Ses Lettres. — Mme de La Fayette. — La Princesse de Clèves. — Mme de Villedieu. — Aventures romanesques. — Mme de Lambert. — Mme d'Aulnoy. — Mlle de La Force. — Mme Guyon. — Les sœurs Arnauld. — Mme Dacier.

On aime les *lettres* en France, on les a toujours aimées, surtout celles des femmes, qui ont un accent plus enjoué ou plus pénétrant.

On aime les lettres, parce qu'elles sont comme le journal des secrets d'une société, et aussi parce qu'elles sont souvent la révélation familièrement saisissante d'une nature personnelle douée de vie et d'originalité.

Parler des lettres, c'est appeler sur les lèvres le nom de la *grande épistolière* du dix-septième siècle, Mme de Sévigné.

On trouverait peut-être des femmes qui ont eu plus d'éloquence, plus de feu dans la passion ; d'autres ont tenu, de leur vivant, une plus grande place dans le monde par le rôle qu'elles y ont joué ; mais qui, plus que Mme de Sévigné, nous fit admirer, avant elle, le naturel d'une femme supérieure, naissant dans la société d'une grande époque, heureuse de vivre, de se produire, et laissant partout comme une trace lumineuse ?

Marie de Rabutin-Chantal, marquise de Sévigny, naquit à Paris le 6 février 1626. Son père, Celse-Bénigne de Rabutin, baron de Chantal, était ce fameux duelliste qui, le jour de Pâques 1624, sortit de l'Église au beau milieu de la messe, disant tout haut qu'il allait servir de second au non moins fameux duelliste de Bouteville, dans sa rencontre avec Pontgibaut. Il se fit tuer en juillet 1626, cinq mois après la naissance de sa fille, en défendant l'île de Ré contre les Anglais.

Six ans plus tard, Marie de Rabutin perdit sa mère, Marie de Coulanges, morte en 1632. La jeune orpheline fut placée sous la tutelle de son oncle, l'abbé de Coulanges, qui ne négligea rien pour lui donner une éducation parfaite.

Elle eut en vérité deux maîtres singuliers, Ménage et Chapelain, qui s'employèrent de leur mieux à lui enseigner, outre le français, l'espagnol, l'italien et même le latin. Pour mieux dire, ses deux grands maîtres furent la société de son temps et la nature.

La cour d'Anne d'Autriche où elle fut présentée toute jeune acheva de polir son esprit. « Par là elle est devenue ce génie charmant qui, à
« travers des élans d'éloquence familière, a sur-
« tout réussi à faire une chose classique de l'art
« de dire des riens. Mme de Sévigné écrit des
« *Lettres* comme La Fontaine des *Fables* ou
« Molière des *Comédies;* elle fait de sa corres-
« pondance tout un drame dont elle s'amuse
« elle-même, qui met son imagination en verve
« et où son esprit se prodigue sans s'épuiser ja-
« mais, bien différente en cela d'une de ses con-
« temporaines d'une humeur plus sobre,

« Mme de La Fayette, qui lui disait : Le goût
« d'écrire vous dure encore pour tout le monde,
« il m'est passé pour tout le monde, et si j'avais
« un amant qui voulût de mes lettres tous les
« matins, je romprais avec lui. »

Le 1er août 1644, elle épousa Henri de Sévigné, mari batailleur, joueur et débauché, qui ébrécha la fortune de sa femme. Celle-ci fut très malheureuse. Conrard disait qu'il y avait cette différence entre Mme de Sévigné et son mari, que celui-ci estimait sa femme sans pouvoir l'aimer, tandis qu'elle l'aimait sans pouvoir l'estimer. Il paraît, d'après ce même Conrard, que le marquis ne se gênait pas pour dire à la marquise :
« Je crois que vous seriez très agréable pour un
« autre, mais pour moi vous ne sauriez me
« plaire. » Il préférait sans doute les charmes plus piquants de Ninon de Lenclos dont il fut l'amant.

En 1650, il avait pour maîtresse une dame de Gondran, qui recevait aussi les *soins* du chevalier d'Albret. Une discussion à propos de cette femme amena les deux rivaux sur le terrain. Le marquis de Sévigné reçut dans la poitrine un

Mme DE SÉVIGNÉ

coup d'épée dont il mourut deux jours après.

Jeune encore au moment de son veuvage, aimable comme elle l'était, ayant le goût du monde et des divertissements, Mme de Sévigné n'avait qu'à se laisser aller pour jouir de tous les plaisirs et de tous les succès. Elle eut beaucoup d'amis, beaucoup de liaisons, beaucoup de relations. Elle eut de nombreux adorateurs qui sollicitèrent sa main et un non moins grand nombre de « soupirants » qui ne rêvaient pas le mariage, dans ce temps où la galanterie régnait. L'élégant marquis de Lude, le prince de Conti, Fouquet, le magnifique surintendant, peut-être Turenne, et jusqu'à son ancien professeur, le bonhomme Ménage, essayèrent de l'induire à mal. Aucun, paraît-il, ne réussit, pas même le vaniteux Bussy qui avait le plus de chance d'être bien traité, et qui n'avait pas attendu, dit-on, la mort du marquis de Sévigné pour essayer de faire son chemin auprès de sa spirituelle cousine.

Gardons-nous de croire cependant qu'elle fît la prude ou la revêche ; elle avait au contraire l'humeur enjouée et le rire facile. Au fond, elle aimait les galanteries comme un passe-temps, ne dédaignait point les conquêtes, ou du moins ne les décourageait pas, au risque de s'échapper ensuite avec un éclat de rire. Elle *aimait d'être aimée*, selon le mot de Bussy.

La mauvaise langue de Tallemant des Réaux la représente même comme se plaisant à dire des gaillardises qu'elle savait envelopper d'esprit, — mais elle n'aimait les gaillardises qu'en paroles.

Toutefois la jeune veuve ne reparut à la Cour qu'en 1654. Elle se consacrait à l'éducation de ses deux enfants, et reportait sur eux, sur sa fille surtout, tout ce qu'elle avait de tendresse.

« Plus on y songe, et mieux on s'explique
« son amour de mère, cet amour qui, pour
« elle, représentait tous les autres. Cette riche
« et forte nature, en effet, cette nature saine
« et florissante, où la gaieté est plutôt dans
« le tour, et le sérieux au fond, n'avait ja-
« mais eu de passion proprement dite. Or-
« pheline de bonne heure, elle ne sentit point
« la tendresse filiale; elle ne parle jamais de sa
« mère; une ou deux fois il lui arrive même de
« badiner du souvenir de son père : elle ne l'avait
« point connu. L'amour conjugal, qu'elle essaya

« loyalement, lui fut vite amer, et elle n'eut
« guère jour à s'y livrer. Jeune et belle veuve,
« à l'humeur libre et hardie, dans ce rôle
« d'éblouissante Célimène, eut-elle en secret
« quelque faible qu'elle déroba ? Une étincelle
« lui traversa-t-elle le cœur ? Fut-elle jamais en
« péril d'avoir un moment d'oubli avec son cou-
« sin Bussy comme M. Walckenaer, en Argus
« attentif, inclinerait à le croire ? Avec ces spiri-
« tuelles rieuses, on ne sait jamais à quoi s'en
« tenir et on serait bien dupe souvent de s'ar-
« rêter à quelques mots qui, chez d'autres,
« diraient beaucoup. Le fait est qu'elle résista à
« Bussy, son plus dangereux écueil, et que si
« elle l'agréa un peu, elle ne l'aima point avec
« passion. Cette passion, elle ne la porta sur
« personne jusqu'au jour où ces trésors accumu-
« lés de tendresse éclatèrent sur la tête de sa
« fille pour ne plus s'en déplacer.

« Un poète éligiaque l'a remarqué : Un amour
« qui vient tard est souvent plus violent ; on y
« paye en une fois tout l'arriéré des sentiments
« et les intérêts :

« Sœpè vènit magno fœnore tardus amor. »

« Ainsi de Mme de Sévigné. Sa fille hérita de
« toutes les épargnes de ce cœur si riche et si
« sensible et qui avait dit jusqu'à ce jour : j'at-
« tends. Voilà la vraie réponse à ces gens d'es-
« prit raffinés qui ont voulu voir dans l'affection
« de Mme de Sévigné une affectation et une con-
« tenance. Mme de Grignan fut la grande, l'unique
« passion de sa mère, et cette tendresse mater-
« nelle prit tous les caractères, en effet, de la
« passion, l'enthousiasme, la prévention, un lé-
« ger ridicule (si un tel mot peut s'appliquer à
« de telles personnes), une naïveté d'indiscrétion
« et une plénitude qui font sourire. »

On ne saurait mieux dire et nous nous reprocherions d'omettre ou d'abréger cette page de Sainte-Beuve.

Tout le monde s'est plu à faire le portrait de Mme de Sévigné : Bussy et Mme de La Fayette, aussi bien que Somaize et l'auteur de *Clélie;* et partout elle est représentée de même, belle d'une beauté qui n'avait rien de régulier, avec ses paupières *bigarrées*, ses yeux bleus et pleins de feu, sa chevelure blonde, abondante et fine, son teint éclatant et cette grâce spirituelle qui illuminait son visage et faisait dire que la joie était le véritable état de son âme et qu'*une seule personne comme elle tenait lieu d'une grande compagnie.* (C'est le mot d'Agnès Arnaud).

« Il me semble, — dit aussi Arnaud, le frère
« d'Arnaud de Pomponne, — que je la vois en-
« core telle qu'elle me parut la première fois
« que j'eus l'honneur de la voir, arrivant dans
« le fond de son carrosse tout ouvert, au milieu
« de Monsieur son fils et de Mademoiselle sa fille :
« tous trois tels que les poètes représentent La-
« tone au milieu du jeune Apollon et de la
« petite Diane, tant il éclatait d'agrément et de
« beauté dans la mère et dans les enfants. »

En 1669, Mlle de Sévigné épousa le comte de Grignan et, quinze mois après, les deux époux quittèrent Paris pour aller vivre en Provence où M. de Grignan venait d'être nommé lieutenant général en remplacement de M. de Vendôme (1671). (Voir *Appendice*.)

C'est alors que pour trouver une compensation à cette séparation cruelle, autant que pour distraire sa fille, Mme de Sévigné entreprit cette correspondance qui durera vingt-sept années et à laquelle elle doit sa gloire. C'est dès lors que se révèle cette originalité puissante qui consiste justement dans un mélange de dons familiers qui n'ont rien d'un auteur et qui sont précisément les dons d'une nature supérieure se prodiguant sans effort. Elle ne raisonne pas, elle raconte, elle peint, elle cause dans ses lettres, chronique légère de la cour et de la ville, tracée chaque jour d'une plume qui s'en va *la bride sur le cou;* et tout cela avec ses vivacités, ses abandons, ses négligences familières, ses hardiesses et quelquefois ses libertés de tout genre.

Mme de Sévigné continua de vivre à la Cour, se contentant d'aller passer de temps en temps une saison en Bretagne, au Château des Rochers. Elle a rendu immortel ce vieux manoir féodal, entouré de bois séculaires, que ses lettres font connaître de la manière la plus exacte et où sa solitude n'était guère troublée que par les visites de ses voisins, gentilshommes campagnards qu'elle ne pouvait voir sans rire et dont elle s'est souvent moquée avec plus d'esprit que de charité.

Mais elle se plaisait surtout à Versailles où la moindre attention du Roi la comblait d'aise. C'est ainsi qu'un soir, Louis XIV ayant dansé avec elle, elle fut tellement éblouie qu'en regagnant sa place elle dit à son cousin : « Il faut avouer que nous avons un grand roi ! » — « Je le crois bien, répondit Bussy, après ce qu'il vient de faire ! »

On sait pourtant que la généreuse amitié qu'elle conserva à Fouquet dans sa disgrâce jeta un certain froid dans ses relations avec la Cour. C'est sans doute ce qui la détermina, vers 1678, à n'y plus faire désormais que de rares apparitions. A part deux ou trois voyages en Provence pour voir la comtesse de Grignan, elle vécut paisiblement au sein de la Société choisie dont elle était le centre, tantôt à Paris, à l'hôtel Carnavalet où les réunions des beaux esprits étaient presque aussi suivies qu'à l'hôtel de Rambouillet, tantôt en Bretagne, dans sa terre des Rochers.

C'est à sa fille que Mme de Sévigné a adressé le plus grand nombre de ses lettres. C'est une chose assez étrange que, de ses deux enfants, celui qui obtient toutes les préférences de sa mère et, pour ainsi dire, toute son adoration enthousiaste, c'est sa fille, *la plus jolie fille de France.*

Charles de Sévigné, son fils, s'efface un peu entre cette sœur préférée et cette mère incomparable. C'était à la vérité un incorrigible coureur d'aventures. Après avoir mené de front les armes et les plaisirs, il prit en dégoût la carrière militaire; il renonça aux armes pour ne plus songer qu'aux plaisirs. Il fut l'amant de la Champmeslé, de Ninon de Lenclos, de bien d'autres. Dans une de ses lettres, Mme de Sévigné nous apprend cependant que les deux premières eurent à se plaindre de sa conduite, au point que Ninon l'appelait, pour sa froideur : « Une vraie citrouille fricassée dans la neige. » Sa mère, qu'il prenait souvent pour confidente de ses intrigues amoureuses, accepta de bonne grâce ce rôle difficile afin de conserver sur lui une influence dont elle usait suivant l'opportunité des circonstances. C'est grâce à elle que plus tard il contractera un mariage à la fois avantageux et honorable avec Marguerite de Bréhant-Mauron (1684).

Malgré la préférence accordée à sa sœur — et dont il n'était pas jaloux, — c'était lui qui ressemblait le plus à sa mère et qui vraisemblablement l'aima avec une plus grande sincérité.

Il s'abandonnait à elle, lui procurait mille distractions, l'amusait par son esprit dans lequel Mme de Sévigné se retrouvait elle-même. Quand ils étaient ensemble aux Rochers, il lui faisait la lecture, choisissant de préférence un chapitre de Rabelais, un roman ou une comédie.

Comme sa mère il avait, bien plus que Mme de Grignan, de la facilité, de l'enjouement et une grande vivacité naturelle. Saint-Simon a dit de lui que c'était moins *un homme d'esprit que d'après un esprit*.

D'humeur indépendante, il fuyait la Cour. Au grand scandale de Mme de Sévigné et de Mme de Grignan, il trouvait que les honneurs étaient des chaînes.

Après les lettres à sa fille qui sont les plus nombreuses, c'est à son fils que Mme de Sévigné écrit presque le plus souvent. Les autres correspondants habituels de la marquise sont : le comte de Bussy-Rabutin, M. de Coulanges, Mme de La Fayette, Mlle de Coulanges, le duc de La Rochefoucauld, M. de Pomponne, Mme de Thianges, etc... C'est là que dans ses « courses de plume », elle fait briller son imagination, sa joie et ses larmes, non seulement pour elle et pour sa société intime, comme on l'a prétendu, mais un peu aussi pour la postérité, comme elle l'avoue elle-même : « Je « sais bien, a-t-elle dit, que les choses plaisantes « et jolies que j'écris à mes vieilles amies iront « un peu plus loin. »

Voir le monde, le peindre et se peindre elle-même, c'est à cela que Mme de Sévigné passa sa vie, gardant jusqu'au bout cette verve étincelante d'une imagination spontanée et heureuse, et cette originalité charmante d'une nature saine jusque dans ses hardiesses.

« Elle se plaît au mouvement du monde, elle « est à l'aise au milieu de tous ces bruits de cour « dont elle est l'écho familier et piquant; elle « s'intéresse aux modes ou à un sermon de Mas-« caron, aux aventures de M. de Lauzun, à la « goutte de M. de La Rochefoucauld ou aux dis-« tractions de M. de Brancas. Il n'est pas de « mondaine plus affairée. » Et avec quelle délicieuse allure, quelle aimable vivacité, toutes ces questions se déroulent dans cette succession de lettres où tout passe, où tout s'anime, où tout se colore d'un trait rapide !

Le mot de Pelletier au premier maître de Marie de Rabutin est vrai dans tous les sens : « Je « tenais un jour, dit Ménage, une des mains de « Mme de Sévigné avec les deux miennes. Lors-« qu'elle l'eût retirée, M. Pelletier me dit : Voilà « le plus bel ouvrage qui soit jamais sorti de vos « mains. »

En 1694, elle fit un dernier voyage en Provence pour se rendre près de sa fille, gravement malade. Elle la soigna avec beaucoup de dévouement, au point d'altérer sa propre santé. Elle ne succomba pourtant que deux ans après, à une violente attaque de petite vérole. On voit encore son tombeau dans l'ancienne église collégiale de Grignan, où elle fut inhumée.

Entre toutes les femmes honorées de l'amitié de Mme de Sévigné, il faut compter en première ligne Mme de La Fayette qui pouvait lui écrire sincèrement avant sa mort : « Croyez, ma chère, « que vous êtes celle que j'ai le plus véritable-« ment aimée. »

C'est un motif de plus pour que nous ne séparions pas son nom de celui de son illustre amie.

Marie-Madeleine Pioche de Lavergne était née

au Havre en 1632. Son père, Aymar de Lavergne, était gouverneur de cette ville, et sa mère, Marie Pena, appartenait à une ancienne famille de Provence. Comme Mme de Sévigné, elle eut pour maître Ménage qui, avec le concours du P. Rapin, lui enseigna les lettres antiques.

A vingt-deux ans, elle épousa le comte de La Fayette, qu'elle perdit de bonne heure et dont elle eut deux fils. L'un d'eux fut le célèbre marquis de La Fayette.

L'une des femmes les plus spirituelles de la cour de Louis XIV, elle se distinguait également dans les réunions littéraires de l'hôtel de Rambouillet. Au milieu des séductions du faux-goût, elle sut conserver un jugement sûr et montra toujours cette raison calme et réfléchie, ce mélange de sagesse et d'émotion contenue que l'on retrouve dans ses écrits. La Rochefoucauld inventa ce mot pour la peindre : « *Elle est vraie!* » Rien ne la flatta jamais plus que cet autre mot de Segrais : « Votre jugement est supérieur à votre esprit. »

Mme de La Fayette et La Rochefoucauld vécurent unis par les liens d'une amitié qui dura vingt-cinq ans. Cette union adoucit la misanthropie et embellit les vieux jours de l'auteur des *Maximes*. Mme de La Fayette accueillit chez elle les hommes les plus remarquables de l'époque, et surtout La Fontaine et Segrais.

C'est même sous le nom de Segrais que parut son premier roman : *Zaïde*. Segrais ne lui avait donné que quelques conseils, Huet n'avait fait que l'orner, en guise de préface, d'un *Traité sur l'origine des romans,* ce qui n'empêcha pas Mme de La Fayette de dire, à ce propos, « qu'ils avaient « marié leurs enfants ensemble. »

Ce livre obtint un grand succès. Les libraires demandaient des *Zaïde*, comme plus tard ils devaient demander des *Lettres persanes*. « Ce chien « de Barbin ne peut me souffrir, disait Mme de « Sévigné, parce que je ne lui fais pas de *Zaïde*. »

Ce roman ne diffère pas beaucoup cependant, pour le fond, des romans d'aventure ou d'amour alors en vogue. La délicatesse du pinceau ne s'y révèle que par les détails.

Au contraire, la *Princesse de Clèves*, qui suivit, annonce un art tout nouveau. Cette fois le roman tendait à se rapprocher de la nature et de la vérité. C'était presque une révolution. On écrivit de gros volumes pour et contre cet ouvrage ; on le mit sur la scène ; on le réimprima dans tous les formats. C'est à l'occasion de ce livre que Mme de La Fayette pouvait dire en parlant de La Rochefoucauld : « Il m'a donné de l'esprit, mais « j'ai réformé son cœur. »

Elle survécut dix ans encore à celui qui fut le compagnon de sa vie, mais triste, retirée. Elle mourut en 1693, laissant, outre les deux romans dont nous venons de parler, une *Histoire d'Henriette d'Angleterre, la Comtesse de Tende, la Princesse de Montpensier*, et les *Mémoires de la cour de France*, de 1688 à 1689.

Vers la même époque, une autre femme, en France, attira un moment sur elle l'attention générale. Elle eut son heure de célébrité, un peu pour ses écrits qui n'étaient pas sans mérite, quoiqu'ils soient aujourd'hui tombés dans l'oubli, et beaucoup pour les aventures de sa vie romanesque. Nous voulons parler de Marie-Catherine-Hortense Desjardins, plus connue sous le nom de Mme de Villedieu.

A Alençon, où elle était née en 1631, ou plutôt dans un village voisin, à Saint-Remi-du-Plain, elle donna de bonne heure des preuves de son esprit, — et aussi de son penchant à la galanterie. A la suite d'une première faute, elle quitta la maison paternelle et trouva un refuge auprès de la duchesse de Rohan qui, instruite de sa faiblesse, l'assura de sa protection contre la colère de ses parents.

Déjà elle s'était fait connaître par quelques pièces de poésie, mais c'est à Paris surtout qu'elle trouva un terrain plus favorable pour développer ses aptitudes littéraires. Sa tragi-comédie de *Manlius-Torquatus,* dont l'abbé d'Aubignac lui avait donné le plan, obtint un certain succès à l'hôtel de Bourgogne. Puis, un échec l'éloigna quelque temps du théâtre. Elle écrivit alors des romans qui furent accueillis avec faveur. Malheureusement elle s'attacha alors à un capitaine d'infanterie, Boisset de Villedieu, qui lui avait promis de l'épouser. L'inconvénient était qu'il avait déjà contracté un mariage précédent. Néanmoins les bans furent publiés. En apprenant son sort, l'épouse légitime réclama;

l'époux prit peur et s'enfuit. Le curieux de l'histoire, c'est que Catherine Desjardins, plus brave que son capitaine d'infanterie, ne se tint pas pour battue. Elle poursuivit le fuyard, et, habillée en homme, elle se présenta devant lui les armes à la main, pour lui demander raison. Ils se réconcilièrent, s'enfuirent en Hollande, puis revinrent en France, où ils vécurent comme s'ils étaient mariés.

La prose de Mme de Villedieu se ressent un peu de son caractère, il y a pourtant de l'élégance et de la délicatesse; ses vers sont faciles et naturels.

Ses principaux ouvrages sont des romans tels que : *Alcidamie, les Désordres de l'amour, les Exilés, les Annales galantes*, et des pièces de théâtre comme *le Favori*, comédie qui fut très applaudie, etc.

Il conviendrait d'accorder à Mme de Lambert plus qu'une simple mention. Parmi d'autres ouvrages, ses *Avis d'une mère à sa fille et à son fils*, — réimprimés sous le titre de *Lettres sur la véritable éducation*, — sont particulièrement remarquables, — « par le ton aimable de vertu qui y règne partout », et Auger ajoute : « par la pureté du style et de la morale, l'élévation des sentiments, la finesse des observations et des idées. »

Puis, pendant que Mme d'Aulnoy écrit des romans et des *Contes de fées* avec un mélange charmant de naïveté et de finesse, Mlle de La Force publie des romans historiques ou des recueils d'aventures galantes. Signalons, entre ses œuvres: *l'Histoire de Marguerite de Valois, reine de Navarre*, *l'Histoire secrète de Marie de Bourgogne*, *l'Histoire secrète des amours de Henri IV, roi de Castille*, etc.

Plus tard encore, quand Louis XIV, accablé par les revers et dominé par Mme de Maintenon, se fut fait dévot, une autre arène que les salons s'ouvrit aux femmes spirituelles : ce fut celle des querelles religieuses. On les vit s'y livrer avec une ardeur qu'on a peine à comprendre aujourd'hui. Rappelons seulement Mme Guyon, l'amie de Fénelon, et les sœurs Arnauld de Port-Royal, qui luttèrent si vigoureusement à la tête du parti janséniste.

L'érudition aussi trouvait parmi les femmes

d'illustres représentants : qu'il suffise de nommer la savante Mme Dacier, que Johnson, comme Ménage, proclame la femme la plus érudite qui ait jamais existé : *Feminarum, quot sunt, quot fuere, doctissima.*

Mme Dacier (1654-1720) naquit à Saumur. Son père, Tannegui-Lefèvre, célèbre professeur de lettres, ne songeait point à faire de sa fille une savante, quoiqu'il lui fit donner, dès son enfance, toute l'éducation qui convenait à une fille. Une circonstance décida de son avenir. Elle assistait parfois aux leçons données à son jeune frère, s'occupant à broder et ne prêtant, en apparence du moins, que peu d'attention à ce qui se passait autour d'elle. Mais un jour qu'il répondait mal aux questions du professeur, elle lui suggéra, tout en travaillant, les réponses qu'il devait faire. Cette découverte causa à Tannegui-Lefèvre autant de surprise que de charme. Dès lors, il partagea ses soins entre son fils et sa fille. Sous l'habile direction de son père, la jeune écolière fit des progrès si rapides qu'ils étonnèrent l'illustre maître. En peu de temps, elle sut assez de latin pour comprendre *Phèdre* et *Té-*

rence, et assez de grec pour lire *Anacréon, Callimaque, Homère* et les tragiques. Un nouveau motif d'émulation vint bientôt seconder ces heureuses dispositions. Son père lui donna pour émule et compagnon de ses études le jeune Dacier. Cette conformité de goûts et de travaux deviendra plus tard une alliance en 1783. On se rappelle le mot plaisant qui courut à l'occasion du mariage de M. Dacier avec Mlle Lefèvre : on l'appela le *Mariage du grec et du latin*.

Mais avant cette époque, le bruit public avait déjà fait connaître le nom de Mlle Lefèvre au duc de Montausier, à qui elle fut hautement recommandée. Le duc la chargea de travailler à quelques-uns des auteurs destinés *ad usum Delphini*. On la vit alors interpréter et commenter avec succès *Florus* (1674), et publier la même année le texte des *Hymnes de Callimaque* avec une traduction latine et des notes. Elle traduisit ensuite *Anacréon* et *Sapho* (1681), et édita quelques mois après *Aurelius Victor*.

L'année même de son mariage elle fit paraître *Eutrope : Eutropii historiæ romanæ breviarium*.

Son alliance fut heureuse et surtout féconde

en productions utiles, car indépendamment des ouvrages auxquels elle travailla en commun avec son mari, et parmi lesquels il faut distinguer *les Réflexions de l'empereur Marc-Antonin*, elle donna la traduction de *l'Amphytrio de Rudens* et de *l'Epidicus de Plaute* (1683), avec des remarques et un examen selon les règles du théâtre. Puis, en 1684, elle fit paraître *le Plutus* et *les Nuées* d'Aristophane, c'était la première traduction française que l'on eût hasardée de ce fameux comique. Ces ouvrages furent bientôt suivis des *Comédies de Térence* et de deux *Vies des hommes illustres de Plutarque*. Ces nombreuses publications successives dénotaient une érudition extraordinaire chez une femme et la plaçaient au premier rang des philologues de l'époque. Sa grande renommée s'accrut encore par sa traduction d'Homère, son ouvrage le plus important.

L'*Iliade* lui avait coûté beaucoup de temps, et elle l'avait plusieurs fois revue avant de la mettre au jour. Elle resta ensuite plus de dix ans avant de donner l'*Odyssée*, qui fut la dernière de ses traductions.

Nous n'avons pas à faire l'éloge de ces traductions, dont les défauts sont bien connus ; mais, si nous ne pouvons nier l'inutilité de ses longues périphrases, le manque d'élégance et la lourdeur de son style, nous devons au moins lui savoir gré d'avoir contribué, dans une large mesure, à vulgariser en France l'*Iliade* et l'*Odyssée*.

C'est à la défense des anciens et particulièrement d'Homère, que Mme Dacier consacra la fin de sa vie. Lamotte et Fontenelle venaient de renouveler *la Querelle des Anciens et des Modernes*. Mme Dacier entra résolument dans la lutte et défendit les anciens comme des Divinités sans défauts. Lamotte, qui ne savait pas le grec, prétendit épurer Homère en l'abrégeant, au lieu de le traduire, et en outre, dans la préface de son abrégé en vers français de l'*Iliade,* il se permettait de juger sévèrement, — ou plutôt trop légèrement, — le prince des poètes. Mme Dacier dirigea contre lui son *Traité des causes de la corruption du goût* (1714).

Mais le zèle de la bonne cause entraîna l'auteur bien au delà des bornes que prescrivent le goût et la politesse dans ces sortes de discussions. En dehors d'Homère et des anciens, rien de beau, rien de grand ne pouvait subsister, suivant elle, et leur seule imitation devait guider le goût des modernes. A ces exagérations de doctrine, elle eut le tort de joindre de grossières invectives contre son adversaire. Ce procédé, dont les formes rappelaient les violentes discussions littéraires du seizième siècle, contribua à lui aliéner bien des juges, d'autant plus que cette aigreur de langage contrastait avec la politesse spirituelle que Lamotte apporta dans cette polémique. Cela fit dire que Mme Dacier avait écrit et combattu en savant, et Lamotte avec les grâces et la facilité d'une femme d'esprit.

Elle fut plus heureuse dans sa réponse au P. Hardouin, qui venait de publier une *Apologie d'Homère*, apologie qui était, aux yeux de Mme Dacier, la plus grande injure que le poète grec eût jamais reçue. Dans ce factum, en effet, le P. Hardouin rendait l'*Iliade* ridicule par ses explications paradoxales. Mme Dacier eut beau jeu contre lui et obtint une victoire facile par son *Homère défendu contre l'apologie du R. P. Hardouin*.

On a reproché, non sans raison, à Mme Dacier d'avoir porté jusqu'au fanatisme le respect dû aux anciens, mais ce respect, qui d'ailleurs a son côté estimable, ne peut altérer en rien la reconnaissance à laquelle ses travaux lui donnent droit. Sans doute on a fait beaucoup mieux depuis, mais elle n'en a pas moins la gloire d'avoir, une des premières, ouvert et exploité cette mine si riche et si féconde des trésors de l'antiquité. Elle a pu s'oublier parfois et mettre trop de chaleur dans la défense de son poète favori; c'est un excès de zèle qu'on lui pardonne volontiers, surtout si l'on songe à sa douceur, à sa modestie habituelle qui rendaient son commerce agréable, bien qu'elle n'eût pas tous les agréments d'une femme du monde. On ne peut condamner la sincère bonne foi d'une femme qui écrit dans la préface de ses traductions d'Homère : « Avec toute l'application que j'ai apportée à bien entendre ce grand poète, je suis bien persuadée que je n'ai pas laissé d'y faire des fautes. Les bonnes choses se font avec beaucoup de travail et de peine, et les fautes se commettent très facilement. » Puis, elle demande en grâce qu'on fasse retomber sur elle-même toute la responsabilité des fautes, et non point sur Homère, à qui on ne saurait les attribuer.

On sait aussi que, bien loin de se prévaloir des avantages que ses connaissances lui donnaient sur les autres, Mme Dacier évitait les conversations savantes. Ses amis mêmes avaient beaucoup de peine à l'engager dans des discussions littéraires. Boileau, qui prit une part si active dans ces guerres des anciens et des modernes, estimait beaucoup Mme Dacier, et la plaçait infiniment au-dessus de son mari : « Dans leurs productions d'esprit faites en commun, disait-il, c'est elle qui est le père. »

CHAPITRE VI

XVIIIe SIÈCLE

Mme Du Châtelet. — Mme Du Deffant. — Mlle de Lespinasse. — Mme Doublet. — Mme Geoffrin.— Mme du Boccage. — Mme Graffigny. — Mme Riccoboni. — Mme de Tencin. — Mme Durand et quelques autres. — Mme Cottin. — Mme de Genlis. — Mme Roland.

Rien à dire de l'influence littéraire des femmes au temps des orgies du Palais-Royal, du Parc-au-Cerf et des Petites-Maisons.

Un grand changement s'introduit dans les mœurs au commencement du dix-huitième siècle. Ce sont les femmes de la ville qui contribuent le plus au mouvement de l'opinion. Dans la république même des Lettres, ce sont des bourgeoises, héritières des traditions de la marquise de Rambouillet, qui tiennent les *Bureaux d'esprit*.

Mmes du Châtelet et du Deffant, Mlle de Lespinasse, Mmes Doublet, Geoffrin et du Boccage réunissent, accaparent les gens de lettres et surtout les philosophes. Mmes Graffigny, Riccoboni, de Tencin, et plus tard Mme Cottin et Mme de Genlis se font un nom dans le roman.

Le droit de prééminence, dans les sciences mathématiques, ne peut être contesté à la célèbre Émilie, marquise Du Châtelet.

Née à Paris, en 1706, Gabrielle-Émilie était fille du baron Le Tonnelier de Breteuil, introducteur des Ambassadeurs.

Douée d'un esprit vif et pénétrant, avide de tous les genres d'instruction, elle reçut l'éducation la plus soignée qu'on pût donner alors même aux filles des plus grands seigneurs. Elle apprit le latin, l'anglais, l'italien ; les meilleurs écrivains de ces trois langues lui devinrent bientôt familiers.

A quinze ans, elle entreprit une traduction de Virgile dont on a conservé quelques fragments manuscrits. A l'amour des lettres et des arts elle unit l'étude des sciences les plus élevées et acquit des connaissances assez étendues en géométrie, en astronomie et en physique.

Sa naissance, sa fortune, non moins que ses talents, la firent rechercher en mariage, toute jeune encore, par beaucoup de nobles personnages. C'est parmi eux que son père lui choisit pour époux le marquis Du Châtelet-Lomont, lieutenant général et d'une ancienne famille de Lorraine. Cet hymen, tout à fait de convenance sous le rapport du rang, des biens, de l'âge même, réunissait un couple moins bien assorti relativement aux goûts et aux caractères. Froid, morose, peu sensible aux jouissances intellectuelles, le marquis ne pouvait guère vivre dans une intimité bien grande avec une jeune femme à la fois éprise des plaisirs de son âge et passionnée pour les lettres, la poésie et les sciences.

Toutefois il n'y eut entre eux qu'une de ces demi-séparations, à peu près décentes, dans lesquelles n'interviennent point les tribunaux, et qui, assez communes à cette époque de mœurs peu sévères, n'en laissaient pas moins à chacun des époux une liberté presque complète.

Mme Du Châtelet usa de la sienne. La curiosité de son esprit, la fougue de son caractère, secondées par la facilité des mœurs de la Régence, l'entraînèrent à des relations et à des aventures restées fameuses.

D'abord aimée de l'homme à la mode, le maréchal de Richelieu, elle forma avec Voltaire une liaison plus douce pour son cœur et plus satisfaisante pour son esprit. Ils vécurent ensemble à Cirey, à Paris et à Lunéville, dans une intimité dont M. Du Châtelet parut ne pas se préoccuper et que la société d'alors acceptait. Sans doute plusieurs nuages troublèrent cette affection. Ils éclataient le plus souvent par suite des violences de la marquise qui se plaignait de ne pas trouver un amour égal au sien.

C'est auprès d'elle que Voltaire écrivit ses meilleurs ouvrages dramatiques et littéraires : *Mérope, Alzire, Mahomet, l'Histoire de Charles XII, l'Essai sur les Mœurs des Nations, le Siècle de Louis XIV*, etc., pendant que sa compagne abordait les plus hautes questions scientifiques, dans lesquelles elle faisait chaque jour admirer ses progrès.

Son premier ouvrage, *Dissertation sur la Nature et la propagation du feu*, lui valut une mention honorable dans le concours ouvert par l'Académie des sciences (1738). Voltaire lui en avait fourni l'épigraphe, distique latin remarquable par son élégante concision :

> Ignis ubique latet, naturum amplectitur omnem,
> Cuncta fovet, renovat, dividit, unit, alit (1).

Deux ans après, elle fit paraître ses *Institutions de Physique*, auxquelles elle joignit une analyse de la *Philosophie de Leibnitz*. Vers le même temps elle soutint avec avantage une discussion sur la question abstraite des *forces vives*, contre le savant académicien Mairan.

Les découvertes de Newton lui inspirèrent surtout une profonde admiration. Elle ne craignit pas de le suivre dans les hauteurs prodigieuses où s'éleva son génie, et elle voulut partager avec Voltaire l'honneur de révéler à la France la théorie du nouveau système du monde. Mais sa traduction des *Principes de Newton*, terminée peu de temps avant sa mort, ne parut qu'en 1756, revue et annotée par le savant géomètre Clairant.

Chose étonnante, ces graves études n'empê-

(1) Le feu se cache partout, il embrasse la nature entière. Il échauffe, renouvelle, divise, unit et nourrit toutes choses.

chaient point la marquise Du Châtelet de rechercher avec avidité les amusements les plus frivoles. « Je ris plus que personne aux Marionnettes dit-elle ingénument dans ses *Réflexions sur le bonheur*, et j'avoue qu'une boîte, une porcelaine, un meuble nouveau sont pour moi une vraie jouissance. » Ce contraste faisait dire à Voltaire :

> Son esprit est très philosophe,
> Mais son cœur aime les poupons.

Deux passions d'ailleurs remplissent toute la vie de Mme Du Châtelet : l'amour et la gloire. Et à ce désir de la gloire, dit encore Voltaire, elle joignait une simplicité qui ne l'accompagne pas toujours. Jamais personne ne fut plus savante et jamais personne ne mérita moins qu'on dit d'elle : *C'est une femme savante*.

Voltaire cependant n'eut pas toujours à se louer de la fidélité d'Émilie. Vers l'âge de trente-six ans, elle se laissa entraîner à la faiblesse d'un nouvel attachement. Le jeune Saint-Lambert parvint à lui faire oublier quelque temps l'auteur de *la Henriade*. Voltaire fut sur le point de se fâcher, de rompre définitivement avec elle, mais, songeant à ses cinquante-quatre ans, il pardonna cette infidélité et fut jusqu'à la fin l'ami dévoué de la marquise, qui mourut à la suite d'une couche.

Cette circonstance rappelle une page assez singulière que Voltaire avait consacrée à Mme Du Châtelet dans une de ses lettres : « Une « femme, dit-il, qui a traduit et éclairci Newton, « en un mot un très grand homme que les fem- « mes ne connaissaient que par ses diamants et « le cavagnole, étant cette nuit, 4 septembre, à « son secrétaire, selon sa louable coutume, a « dit : « Mais je me sens quelque chose. » Ce « quelque chose était une petite fille qui est ve- « nue au monde sur-le-champ ; on l'a mise sur « un livre de géométrie qui s'est trouvé là, et la « mère est allée se coucher. »

C'est à Lunéville, dans le Palais du Roi Stanislas qui l'avait appelée à sa Cour ainsi que son illustre compagnon d'étude, que mourut Émilie Du Châtelet, en 1749, à l'âge de 43 ans.

Voltaire regretta vivement son *amie*. Il exhala sa douleur dans plusieurs pièces de vers ou de prose :

L'univers a perdu la sublime Émilie...

La chronique cependant rapporte une anecdote assez piquante qui, si elle est vraie, aurait dû modérer un peu son enthousiasme. On prétend qu'après la mort de Mme Du Châtelet, Voltaire, mettant en ordre avec le mari les papiers et les bijoux de la défunte, cherchait à soustraire aux regards du marquis une petite boîte où il savait que son portrait devait se trouver. Ce soin éveilla, nous ne dirons pas la jalousie, mais la curiosité de M. Du Châtelet. Il se saisit de la boîte, l'ouvrit..... que contenait-elle ?..... Le portrait de Saint-Lambert. Voltaire savait se tirer de toutes les situations difficiles par un trait d'esprit : « Croyez-moi, dit-il au marquis, ne faisons bruit de ceci ni l'un ni l'autre. »

L'histoire ne dit pas qui des deux révéla le secret de cette conversation.

Voltaire a souvent loué Mme Du Châtelet. Malgré une exagération incontestable, le portrait suivant qu'il en a tracé mérite d'être cité :

« Née avec une éloquence singulière, — dit-
« il, — cette éloquence ne se déployait que
« quand elle avait des objets dignes d'elle. Ces
« lettres où il ne s'agissait que de montrer de
« l'esprit, ces petites finesses, ces tours délicats

« que l'on donne à des pensées ordinaires, n'en-
« traient pas dans l'immensité de ses talents. Le
« mot propre, la précision, la justesse et la force
« étaient le caractère de son éloquence. Elle
« eût plutôt écrit comme Pascal et Nicolle
« que comme Mme de Sévigné. Mais cette fer-
« meté sévère, cette trempe vigoureuse de
« son esprit ne la rendaient pas inaccessible
« aux beautés de sentiment. Les charmes de la
« poésie et de l'éloquence la pénétraient et ja-
« mais oreille ne fut plus sensible à l'harmonie. »

Cet éloge manifestement exagéré trouve un contrepoids suffisant dans le portrait satirique écrit par Mme Du Deffant : « Émilie travaille avec
« tant de soin à paraître ce qu'elle n'est pas,
« qu'on ne sait plus ce qu'elle est en effet. Elle
« est née avec assez d'esprit ; le désir de paraître
« en avoir davantage lui a fait préférer l'étude
« des sciences abstraites aux connaissances
« agréables. Elle croit par cette singularité par-
« venir à une plus grande réputation et à une su-
« périorité décidée sur toutes les femmes. »

Cette supériorité de Mme Du Châtelet était en effet incontestable dans les sciences ; au point de vue littéraire, Mme Du Deffant avait moins à redouter sa rivalité.

Marie de Vichy - Chamron (1697 - 1780) était d'une famille noble de Bourgogne et tenait aux Choiseul par sa grand'mère. Médiocrement partagée des biens de la fortune, médiocrement élevée dans un couvent de la rue de Charonne à Paris, ne pouvant, quoique remarquable par son esprit, ses grâces et sa beauté, espérer de faire un mariage de son choix et à son gré, elle accepta (1718) le premier parti que ses parents lui proposèrent, le marquis Du Deffant, beaucoup plus riche, mais aussi beaucoup plus âgé qu'elle. Naturellement elle n'aima point son mari avec qui elle n'avait aucune conformité de goûts, d'inclinations, ni d'humeurs. Elle, qui avait une particulière disposition à l'ennui, qui s'ennuyait de tout le monde, ne tarda pas à s'ennuyer de son mari. Aussi s'en sépara-t-elle bientôt.

Jeune, belle, recherchée, elle eut un grand nombre d'aventures galantes. Elle passa, à tort où à raison, — nous inclinons pour cette dernière opinion, — pour être une des maîtresses du Régent. Un essai de raccommodement avec son mari n'aboutit qu'à une autre séparation et ne servit qu'à donner plus d'éclat, et aussi un peu de ridicule, à leur mésintelligence conjugale.

Mlle Aïssé, qui raconte ces événements, les présente sous un jour peu favorable à Mme Du Deffant : « Un amant qu'elle avait, « dit-elle, l'a quittée dès qu'il apprit qu'elle « était bien avec M. Du Deffant, et lui a écrit des « lettres pleines de reproches. Il est revenu, « l'amour-propre ayant réveillé des feux mal « éteints. La bonne dame n'a suivi que son pen- « chant et, sans réflexion, elle a cru un amant « meilleur qu'un mari ; elle a obligé le dernier à « abandonner la place. Elle reste la fable du pu- « blic, méprisée de son amant, blâmée de tout le « monde, délaissée de ses amis ; elle ne sait com- « ment débrouiller tout cela. »

Elle débrouilla tout cela en se rejetant dans la galanterie et le tourbillon du monde. Toutefois l'ennui de ne pas éprouver l'amour comme elle le rêvait fut pour elle une maladie, un supplice. Sous des airs de sécheresse, elle avait une nature ardente qui l'entraînait d'affection en affection, de chute en chute. Elle finit cependant par con-

tracter avec le président Hainaut une liaison plus durable, où le raisonnement avait pourtant une grande part, comme il ressort d'une lettre qu'elle lui écrivit pendant un voyage qu'elle fit aux eaux de Forges, en 1742 : « J'ai vu avec douleur que
« j'étais aussi susceptible d'ennui que je l'étais
« jadis ; j'ai seulement compris que la vie que je
« mène à Paris est encore plus agréable que je
« ne le pouvais croire, et que je serais infini-
« ment malheureuse s'il m'y fallait renoncer.
« Concluez de là que vous m'êtes aussi nécessaire
« que ma propre existence, puisque, tous les
« jours, je préfère d'être avec vous à être avec
« tous les gens que je vois : Ce n'est pas une dou-
« ceur que je prétends vous dire, c'est une dé-
« monstration géométrique que je prétends vous
« donner. »

Mais enfin l'âge de la galanterie passa. Ce fut alors que Mme Du Deffant devint célèbre et acquit une grande considération. Elle fit le charme de toutes les conversations, et son esprit se trouva toujours au niveau de ceux qui en avaient le plus. Et malgré tout elle ne pouvait échapper au ver rongeur de l'ennui qui minait sa vie. Elle en

Mme ROLAND

était accablée, elle s'en plaignait à tout le monde, demandait des remèdes à tout le monde, n'en trouvait pas, et toujours s'ennuyait horriblement.

Ce fut bien pis encore quand, vers 1752, sa vue commença à s'affaiblir. Le mal fit de rapides progrès ; l'année suivante, elle était aveugle. — Elle avait cinquante-six ans.

Elle eut alors la consolation de rencontrer Mlle de Lespinasse, qu'elle prit auprès d'elle en qualité de lectrice et dont elle se fit une compagne intime. Elle lui exprima son espoir de trouver en elle une ressource contre la terrible infirmité qui la condamnait à être, suivant son énergique expression, « plongée dans un cachot éternel. »

Son appartement de la rue Saint-Dominique, dans le couvent de Saint-Joseph, ne tarda pas à devenir le rendez-vous de tout ce que Paris renfermait d'illustres parmi les Français et les étrangers. Grands seigneurs, hommes d'esprit, femmes belles et aimables tinrent à honneur d'y être admis. On y voyait les Choiseul, les Boufflers, les maréchales de Luxembourg et de Mirepoix,

Voltaire, Montesquieu, d'Alembert et bien d'autres.

Une circonstance fâcheuse, — celle peut-être dont souffrit le plus Mme Du Deffant dans le cours de sa vie, — vint jeter le trouble dans ces brillantes réunions : Ce fut sa rupture avec Mlle de Lespinasse.

Mme Du Deffant représentait le siècle avant Jean-Jacques. Elle avait pour maxime que « le ton du roman est à la passion ce que le cuivre est à l'or. » Au contraire, Mlle de Lespinasse appartenait déjà à cette seconde moitié du siècle dans laquelle l'exaltation romanesque avait pris un rôle important. Une séparation était inévitable entre ces deux femmes si peu faites pour s'entendre. Elle eut lieu avec éclat en 1764.

La société que recevait Mme Du Deffant se partagea en deux camps. Mlle de Lespinasse, plus jeune, eut plus de partisans ; plus active, elle les mit plus vivement dans ses intérêts et elle entraîna dans sa retraite une grande partie des littérateurs et tous les encyclopédistes, d'Alembert en tête. Or, c'étaient eux qui faisaient et défaisaient alors les réputations. Elle s'en fit des panégyristes et par là même des détracteurs de Mme Du Deffant.

Nous n'avons pas à juger ce procès dont la solution n'est pas sans difficulté. Il est probable qu'il y eut des torts réciproques ; mais si l'on considère que Mlle de Lespinasse était l'obligée et Mme Du Deffant la bienfaitrice, on sera naturellement porté à se ranger du côté de la marquise, qu'elles qu'aient pu être les raisons de Mlle de Lespinasse dont on ne peut nier le caractère violent et l'âme passionnée.

Cet événement fut d'autant plus sensible à Mme Du Deffant que, l'année suivante, elle connut Horace Walpole, pendant un voyage que ce riche seigneur anglais fit à Paris. La vieille aveugle s'éprit à l'instant de cet esprit vif, hardi, délicat et coloré.

A soixante-trois ans, elle livra tout son cœur à un homme qui n'en avait pas cinquante, dont elle aurait pu être la mère, qui devait passer sa vie loin d'elle et qu'elle embarrassait fort par ses vivacités de tendresse.

Et cette passion qu'on ne saurait comment qualifier et qui ne laissa pas d'être élevée, subsistera sans nuages jusqu'à la fin de sa vie, c'est-à-dire pendant près de quinze ans, et c'est à elle qu'elle devra sa plus grande célébrité. C'est avec ce seigneur anglais qu'elle entretint cette remarquable correspondance où elle nous fait connaître, non seulement sa personne et son caractère, mais aussi toutes les richesses de son esprit.

Voici comment Walpole parle d'elle : « Elle
« correspond avec Voltaire, dicte de charmantes
« lettres à son adresse, le contredit, n'est bigote
« ni pour lui ni pour personne et se rit à la fois
« du clergé et des philosophes. Dans la discussion
« où elle incline aisément, elle est pleine de
« chaleur et pourtant n'a presque jamais tort.
« Son jugement sur chaque sujet est aussi juste
« que possible, sur chaque point de conduite elle
« se trompe autant qu'on le peut ; car elle est
« toute amour et toute aversion ; passionnée
« pour ses amis jusqu'à l'enthousiasme, s'inquié-
« tant toujours qu'on l'aime, qu'on s'occupe
« d'elle, et violente ennemie, mais franche.....
« A soixante-treize ans, elle a le même feu qu'à
« vingt-trois. Elle fait des couplets, les chante,
« se ressouvient de tous ceux qu'on a faits. Ayant

« vécu depuis la plus agréable époque jusqu'à
« celle qui est la plus raisonneuse, elle unit les
« bénéfices des deux âges sans leurs défauts,
« tout ce que l'un avait d'aimable sans la vanité,
« tout ce que l'autre a de raisonnable sans la
« morgue..... Aussi vive d'impression que Mme de
« Sévigné, elle n'a aucune de ses préventions,
« mais un goût plus universel. Avec une machine
« des plus frêles, son énergique vitalité l'emporte
« dans un train de vie qui me tuerait s'il me
« fallait rester ici. »

Peut-être pour avoir la vérité sur Mme Du Deffant, faudrait-il faire la moyenne entre le jugement de Walpole et ceux du parti encyclopédique. Ce que personne ne lui a refusé, c'est l'esprit. Ses lettres sont remplies de traits fins, hardis, acérés, le plus souvent très justes. Elle y passe en revue une infinité d'objets, elle dit son sentiment sur tout avec une extrême franchise, juge les personnes et les choses, les livres et les auteurs, les gens du monde et les femmes de sa société avec une sévérité qui est parfois excessive. Or, rien de plus difficile que l'appréciation de la littérature contemporaine, rien n'annonce mieux la justesse de l'esprit et la délicatesse du goût. Mme Du Deffant a eu ce mérite : la postérité qui a déjà commencé pour les hommes et les livres dont elle parle, n'a fait que confirmer et confirme de plus en plus l'ensemble de son opinion.

Ce qui distingue surtout l'esprit de Mme Du Deffant, c'est l'attrait vif et irrésistible qui l'entraîna toujours vers ce qui est simple, vrai, naturel. Personne plus qu'elle n'eut en horreur l'affectation et la recherche. Cette disposition d'esprit explique sa sévérité et la difficulté qu'il y avait de lui plaire : « J'ai acquis, dit-elle, *un fonds* « *très profond* de mépris pour les hommes, je n'en « excepte pas les *dames ;* au contraire, je les crois « bien pis que les hommes... Je ne suis point éton- « née, dit-elle ailleurs, qu'il y ait si peu d'élus. »

L'inconvénient de ces principes sévères, c'est que Mme Du Deffant n'aime pas tous les bons ouvrages, mais l'avantage, c'est qu'elle n'en aime aucun qui ne soit bon et même excellent.

Son mérite littéraire est ainsi apprécié par Sainte-Beuve : « Elle est un de nos classiques « par la langue et par la pensée, et l'un des plus « excellents... Elle se rattache par ses origines à

« l'époque de Louis XIV, à cette langue excel-
« lente qui en est sortie. Elle a traversé presque
« tout le dix-huitième siècle, dont, encore enfant,
« elle avait devancé d'elle-même les opinions
« hardies, et, à aucun moment, elle ne s'est laissé
« gagner par ses engouements de doctrine, par
« son jargon métaphysique ou sentimental. Elle
« est, avec Voltaire, dans la prose, le classique
« le plus pur de cette époque, sans même en
« excepter aucun des grands écrivains... Les
« mots les plus vifs et les plus justes qu'on ait
« retenus sur les hommes célèbres de son temps,
« c'est elle qui les a dits. »

Mme Du Deffant était aussi fort renommée pour ses bons mots. C'est elle qui a dit de l'*Esprit des lois* que c'était de l'*esprit sur les lois*.

On raconte qu'elle disait à Pont-de-Veyle, avec qui elle paraissait vivre avec beaucoup d'intimité depuis quarante ans : « Pont-de-Veyle,
« depuis que nous sommes amis, il n'y a jamais
« eu un nuage dans notre liaison ? — Non, ma-
« dame. — N'est-ce pas parce que nous ne nous
« aimons guère plus l'un que l'autre ? — Cela
« pourrait bien être, madame. »

Le jour de la mort de ce même Pont-de-Veyle, elle se rendit à un grand souper, où on ne manqua pas de lui parler de la perte qu'elle venait de faire : « Hélas ! dit-elle, il est mort ce soir à « six heures, sans cela vous ne me verriez pas « ici. » Et, sur ce tendre propos, elle soupa fort bien.

Elle aimait d'ailleurs les soupers, qu'elle regardait comme la plus solide distraction contre l'ennui : « Les soupers, écrit-elle à M. Walpole, « sont une des quatre fins de l'homme ; j'ai ou- « blié les trois autres. »

Elle conserva cet esprit jusqu'à sa quatre-vingt-quatrième année, l'année de sa mort (1780). Le curé de Saint-Sulpice étant venu pour la visiter, elle lui dit : « Monsieur le curé, vous serez très « content de moi, mais faites-moi grâce de trois « choses : ni questions, ni raisons, ni sermons. »

Nous connaissons un peu déjà Mlle de Lespinasse, sa place est marquée naturellement après Mme Du Deffant.

De bonne heure, sa vie commença par être un roman. Elle était fille adultérine de la comtesse d'Albon, alors séparée de son mari. Quant à son père, la chronique scandaleuse de l'époque nomme le cardinal de Tencin. Cette comtesse d'Albon avait une fille légitime qui épousa le frère de Mme Du Deffant. Quand Mme Du Deffant et Mlle de Lespinasse, qui n'avait alors que vingt ans, se rencontrèrent à la campagne, elles s'éprirent bientôt l'une de l'autre. La famille craignait aussi que la jeune fille ne réclamât le nom d'Albon et sa part d'héritage, revendication assez facile puisqu'elle était née du vivant de M. d'Albon, mari de sa mère. Ces motifs déterminèrent Mme Du Deffant à se l'attacher comme demoiselle de compagnie. L'origine de leur séparation, après dix ans de vie commune, fut que la marquise s'aperçut un jour que sa jeune compagne, une heure avant l'ouverture de son salon, recevait chez elle la plupart de ses habitués et prenait ainsi la primeur des conversations. Elle poussa les hauts cris, comme s'il se fût agi d'un vol domestique. Mlle de Lespinasse partit, et avec elle les encyclopédistes. Ceux-ci parvinrent à lui faire obtenir une pension annuelle sur la cassette royale, et Mme de Luxembourg lui meubla un appartement rue Bellechasse. C'est là qu'elle tint son salon qui devint bientôt l'un des plus remarquables du siècle.

Elle était fort attachée à d'Alembert, et, pendant une maladie grave qui lui survint, elle alla le soigner. Ces marques d'affection décidèrent le philosophe à aller vivre tout simplement avec son amie. Mais Mlle de Lespinasse, avec son imagination de feu, ne pouvait se contenter longtemps de cette liaison un peu froide et elle écrivait : « Je verrais partir avec une sorte de « plaisir monsieur d'Alembert. Sa présence pèse « sur mon âme et me met mal avec moi-même ; « je me sens trop indigne de son amitié et de ses « vertus. »

Aussi peut-on dire que Mlle de Lespinasse n'aima vraiment que deux fois dans sa vie: Elle aima M. de Mora et bientôt après M. de Guibert. « C'est la lutte de ces deux passions, l'une expi- « rante mais puissante encore, l'autre envahis- « sante et bientôt souveraine, c'est ce combat « violent et acharné qui constitue le drame dé- « chirant auquel nous a initiés la publication de « ses lettres. » (Sainte-Beuve.)

Les deux volumes de ses lettres à M. de Guibert surtout, sont un des monuments les plus curieux et les plus mémorables de la passion.

Quand elle le connut, M. de Guibert était un colonel de vingt-neuf ans pour qui toute la société se mettait en frais d'enthousiasme, et qui plus tard sera de l'académie et aura le premier l'honneur d'occuper Mme de Stael. Aussitôt qu'elle le vit, Mlle de Lespinasse fut prise pour lui d'un sentiment si prompt qu'on a peine à y distinguer des degrés. C'est en l'absence de M. de Mora, malade mais fidèle, et pourtant (faut-il le dire ?) Mlle de Lespinasse compte alors quarante ans ! Et elle commence sans retard cette longue série de lettres où elle met toute son âme, avec ses cris de douleur ou d'espoir et toutes les fureurs de sa passion délirante.

« Accordez-moi beaucoup, lui demande-t-elle
« à l'origine, vous verrez que je n'abuse point.
« Oh ! vous verrez comme je sais bien aimer !
« Je ne fais qu'aimer, je ne sais qu'aimer ! »

« Vous ne savez pas ce que je vaux, dit-elle
« encore, songez donc que je sais souffrir et mou-
« rir ; et voyez après cela si je ressemble à toutes
« ces femmes qui savent plaire et s'amuser. »

Et cette autre lettre qui, en deux lignes, en dit plus que toutes les paroles :

« De tous les instants de ma vie (1774) :

« Mon ami, je souffre, je vous aime et je vous « attends. »

Puis, quand elle reconnaît sa méprise, quand elle voit qu'il n'est pas digne de tant d'amour, elle continue à l'aimer en le jugeant : « Rem-« plissez donc mon âme ou ne la tourmentez « plus ; faites que je vous aime toujours ou que « je ne vous aie jamais aimé ; enfin faites l'im-« possible, calmez-moi ou je meurs. »

Au plus fort de cette passion, M. de Guibert, qui songe à sa fortune, se marie. Le désespoir de Mlle de Lespinasse éclate, mais aussi la générosité de son pardon. Elle continue à aimer M. de Guibert, sans plus rien lui demander que de se laisser aimer, elle s'intéresse même à la jeune femme qu'il épouse.

Après bien des luttes cependant, leurs relations se renouent avec plus de délire que jamais ; elle dira elle-même : « Tant de contradictions, tant « de mouvements contraires sont vrais, et s'ex-« pliquent par ces trois mots : *Je vous aime !* »

« Voilà, dit Sainte-Beuve, l'éternelle note qui
« commence, elle ne cessera plus. Aimer, c'est
« là son lot. Phèdre, Sapho, ni Didon ne l'eurent
« jamais plus entier ni plus fatal..... Sa vie se
« passe à aimer, à haïr, à défaillir, à renaître, à
« mourir, c'est-à-dire à aimer toujours..... Le
« mérite inappréciable des lettres de Mlle de
« Lespinasse, c'est qu'on n'y trouve point ce
« qu'on trouve dans les livres, ni dans les ro-
« mans ; on y a le drame pur au naturel, tel
« qu'il se révèle çà et là chez quelques êtres
« doués : la surface de la vie tout à coup se dé-
« chire et on lit à nu. Il est impossible de ren-
« contrer de tels êtres, victimes d'une passion
« sacrée et capables d'une douleur si généreuse,
« sans éprouver un sentiment de respect et d'ad-
« miration, au milieu de la profonde pitié qu'ils
« inspirent. »

Comme Mlle de Lespinasse, Mme Doublet de
Persan eut son salon où elle réunissait, tous les
samedis, des hommes marquants dans les
sciences, les arts et les lettres. Qu'il nous suffise
de nommer, parmi les principaux habitués de
ces réunions : Sainte-Palaye, Mairan, Piron, Mi-

rabaud, Voisenon, Falconet, Foncemagne, le comte d'Argental, l'abbé Chauvelin, etc.

Les mêmes auteurs, en y joignant d'Alembert, Marmontel, Raynal, Saint-Lambert, d'Holbach, Thomas, Mlle de Lespinasse, etc., se réunissaient, le mercredi, chez Mme Geoffrin.

C'était la fille d'un valet de chambre de la Dauphine ; mais à quinze ans, Marie-Thérèse Rodet fut mariée avec Geoffrin, riche bourgeois et l'un des fondateurs de la manufacture des glaces. Une lettre de Montesquieu, du mois de mars 1748, nous montre Mme Geoffrin, à cette date, réunissant très bonne compagnie chez elle, et centre déjà de ce cercle qui devait, durant vingt-cinq ans, se continuer et s'agrandir.

Son mari ne compta guère dans sa vie, sinon pour lui assurer la fortune qui fut le point de départ de la considération qu'elle sut acquérir.

« Un jour, — dit Sainte-Beuve, — un étran-
« ger demanda à Mme Geoffrin ce qu'était de-
« venu ce vieux Monsieur qui assistait autrefois
« régulièrement aux dîners et qu'on ne voyait
« plus ? — C'était mon mari, il est mort, —
« répondit-elle. »

Il paraît que c'est dans la société de Mme de Tencin qu'elle chercha d'abord à se choisir des habitués. Mme de Tencin s'en aperçut et leur dit un jour : « Savez-vous ce que la Geoffrin vient faire ici ? Elle vient voir ce qu'elle peut recueillir de mon inventaire. »

Cet inventaire, elle le recueillit en effet en lui succédant dans son rôle de protectrice des lettres, « mais, dit M. Villemain, comme une bourgeoise succède à une princesse. »

La réputation de Mme Geoffrin devint bientôt universelle. Pour les hommes de lettres, et surtout pour les encyclopédistes, elle fut d'une générosité à toute épreuve, et sa bienfaisance était grande autant qu'ingénieuse. Elle avait l'*humeur donnante,* disait-elle, et elle avait pris pour devise : *Donner et pardonner*.

Comme Mme Geoffrin, Mme Du Boccage réunit autour d'elle tout ce que la France comptait de beaux-esprits. Fontenelle l'appelait sa fille, Clairaut la comparait à Mme Du Châtelet, tous ses admirateurs avaient fait pour elle cette belle devise :

« Formâ Venus, Arte Minerva, » que Guichard traduisit trop largement dans ces deux vers :

> Ce portrait te séduit, il te charme, il t'abuse.
> Tu crois voir une Grâce, et tu vois une Muse.

Un volume entier peut à peine contenir tous les sonnets et les vers qui furent composés en son honneur. La Condamine quitta un travail scientifique pour lui adresser un madrigal, et quand Voltaire la reçut à Ferney, il lui mit sur la tête une couronne de laurier, seul ornement, disait-il, qui manquât à sa coiffure.

Mme Fiquet Du Boccage, — avant son mariage Marie-Anne Lesage, — était née à Rouen en 1710. La mort de son mari, receveur des tailles à Dieppe, la laissa, jeune encore, en possession d'une assez belle fortune et libre de se livrer entièrement à son goût pour la littérature.

Déjà, ses dispositions précoces pour la poésie avaient obtenu un certain succès. Son poème sur les *Sciences et les Lettres* avait été couronné à l'académie de Rouen. Pourtant, les œuvres qui suivirent sont loin de justifier les triomphes qu'elles lui valurent. Sa traduction en vers du poème de Gesner, *la Mort d'Abel,* n'était pas trop au-dessus de ses forces; mais il n'en fut pas de même de son imitation, en six chants, du *Paradis Perdu* de Milton. Antoine Yart lança cette épigramme :

> Sur cet écrit, charmante Du Boccage,
> Veux-tu savoir quel est mon sentiment ?
> Je compte pour perdus, en lisant ton ouvrage,
> Le paradis, ton temps, ma peine et mon argent.

La tragédie *des Amazones* ne servit, comme le *Genséric* de Mme Deshoulières, qu'à prouver combien il est difficile aux femmes d'atteindre à la hauteur des conceptions tragiques.

La découverte de l'Amérique, restituée à son véritable auteur, lui inspira un poème en dix chants : *La Colombiade.* Il excita un éphémère, mais immense enthousiasme; et pourtant le génie ne fut pour rien ni dans le plan ni dans l'exécution de cet ouvrage, qui est loin de valoir les lettres que Mme Du Boccage adressait à sa sœur, Mme Duperron. Ces *Lettres* sont intéressantes, bien écrites et de beaucoup supérieures à toutes les poésies de l'auteur.

Comme la précédente, Mme de Graffigny recueillit de son vivant toute la gloire qu'elle pouvait désirer, sans d'autres prétentions à l'admiration de la postérité.

Françoise d'Issembourg-d'Happencourt (1695-1758) descendait d'une famille ancienne, mais ruinée. Elle était, par sa mère, petite nièce de Callot. Son père était major de gendarmerie du duc de Lorraine, à Nancy. Elle fut mariée fort jeune à Hugues de Graffigny, chambellan du duc de Lorraine, homme violent et brutal avec qui elle courut plusieurs fois risque de la vie. Les mauvais traitements qu'elle reçut pendant bien des années amenèrent enfin une séparation judiciaire avec son mari, qui finit ses jours dans une prison.

Elle n'avait pas moins de cinquante ans, quand elle fit ses débuts dans la littérature, par une petite Nouvelle espagnole, qui parut sous ce titre : *Le mauvais exemple produit autant de vertus que de vices*. Cette faible composition, récit mêlé de maximes jusqu'à l'abus, fut imprimé dans le *Recueil de ces Messieurs* (1745).

Deux ans plus tard, elle établit sa réputation par la publication des *Lettres péruviennes*, dont Mme de Genlis a dit que : « C'est un roman char-

« mant, digne de sa réputation, et le premier
« ouvrage de femme écrit avec élégance. » A
vrai dire, on a droit de s'étonner du succès prodigieux qu'obtint alors cet écrit. L'illusion du roman y est sans cesse détruite par les anachronismes et les invraisemblances de l'auteur, le dénouement ne satisfait personne, mais surtout les traits métaphysiques, les idées philosophiques, prodigués à l'excès, alanguissent le récit et glacent la passion. — Cette part des défauts une fois faite, il faut reconnaître, dans les *Lettres péruviennes,* un style élégant, des peintures pleines de charme et de délicatesse, une tendresse naturelle, parfois passionnée ; mais ce qui explique surtout le grand succès que cet ouvrage trouva auprès des contemporains, c'est la naïveté malicieuse avec laquelle la jeune Péruvienne Zilia, transportée au milieu de la civilisation française, critique la société polie du dix-huitième siècle.

On a encore de Mme de Graffigny : *Cénie,* drame en cinq actes, applaudi aux Français. Une comédie, *la Fille d'Aristide,* fut sifflée à la première représentation, et cette chute hâta, dit-

on, la mort de l'auteur. « Elle me la lut, dit
« Voisenon ; je la trouvai mauvaise ; elle me
« trouva méchant. Elle fut jouée, le public mou-
« rut d'ennui, et l'auteur, de chagrin. »

On a publié également sous le titre de *Vie privée de Voltaire et de M*^{me} *Du Châtelet*, vingt-neuf lettres écrites par Mme de Graffigny pendant son séjour à Cirey. Le style en est petit, assez commun ; c'est proprement du cailletage : « Cailleter ! oh ! c'est une douce chose ! » s'écrie-t-elle en un endroit ; et elle prouve surabondamment combien elle s'y complaît. « On sent
« un jargon de coterie et de province, le goût
« de cette petite cour de Lorraine où l'on vivait
« entre soi comme dans une bonbonnière. Mais
« ces révélations pour nous n'en sont pas moins
« intéressantes. » (Sainte-Beuve.)

Une remarque à faire, quoique elle se soit présentée sans doute déjà à l'esprit du lecteur, c'est que, jusqu'à cette époque, la plupart des femmes qui se sont fait un nom plus ou moins illustre dans la littérature, n'ont pas été heureuses en ménage. Il semble même que souvent leurs débuts dans la carrière des lettres coïncident avec les commencements de leurs ennuis dans la vie conjugale. Cette remarque, dont il ne faudrait pas exagérer l'importance, trouve une application ou une confirmation de plus dans la vie de Mme Riccoboni (1714-1792).

Marie-Jeanne Laboras de Mézières, née à Paris, descendait d'une famille originaire du Béarn. Ses parents virent leur fortune engloutie dans la chute du système de Law. Orpheline de bonne heure, Marie-Jeanne dut songer à son avenir. Encouragée par ses succès obtenus en jouant la comédie dans les sociétés, elle se fit actrice, et débuta aux Italiens, en 1734, par le rôle de Lucile dans *la Surprise de l'Amour*, pièce de Marivaux aujourd'hui oubliée. Mais elle ne fut jamais qu'une actrice fort médiocre.

L'année suivante, elle épousa François-Antoine Riccoboni, acteur également médiocre, mais homme d'esprit. Elle fut bientôt délaissée de son mari, qu'elle aimait sincèrement, et souffrit beaucoup de ses infidélités. Cet abandon, plus encore peut-être que le froid accueil du public ou les tracasseries de ses camarades, accrut sa répugnance pour un état qu'elle n'avait pris que par nécessité. Elle se fit auteur pour se distraire de ses chagrins et écrivit des romans auxquels applaudit toute la société littéraire du dix-huitième siècle.

Citons parmi ses œuvres : *l'Histoire du Marquis de Cressy*, — *les Lettres de Julie Catesby*, — puis *les Lettres de miss Fanny Butler*, dans lesquelles on prétend qu'elle a tracé l'histoire de ses propres infortunes. Le petit roman d'*Ernestine* est regardé par La Harpe comme le « diamant » de Mme Riccoboni. Son *Amélie* est une traduction libre et abrégée du roman de Fielding. Elle composa encore plusieurs autres ouvrages dont le dernier, et l'un des meilleurs, parut sous ce titre : *Lettres de Milord Rivers à Sir Charles Cardignan*.

Les romans de Mme Riccoboni sont supérieurs, sinon par l'invention et le plan, du moins par le style, à la plupart des productions du même genre. Palissot, qui s'était d'abord montré sévère pour Mme Riccoboni, et qui avait contribué à répandre le bruit qu'une femme ne pouvait pas en être l'auteur, revint de sa prévention : « Personne, dit-il, n'aurait voulu lui céder le mérite d'avoir fait *Ernestine*. »

Mais avec la réputation, Mme Riccoboni n'avait pas trouvé la fortune. La petite pension que lui faisait la Cour fut supprimée par la Révolution. L'aimable écrivain qui avait fait verser tant de larmes, l'amie de Grimm et de Diderot, allait être livrée à toutes les horreurs de l'indigence, quand elle mourut en décembre 1792, à l'âge de soixante-dix-huit ans.

Nous avons prononcé déjà dans cette histoire le nom du cardinal de Tencin, à l'occasion de Mlle de Lespinasse. Ce cardinal, qui fit passablement parler de lui, est en grande partie redevable de sa célébrité à sa sœur, Claudine-Alexandrine Guérin, marquise de Tencin (1681-1749). C'est grâce à elle qu'il devint archevêque, cardinal et ministre d'État. Mais en attendant que Mme de Tencin jouisse elle-même d'une vieillesse paisible et se fasse une place choisie dans la littérature, toute sa jeunesse, tumultueuse et désordonnée, se passe en aventures romanesques.

Destinée par sa famille à la vie religieuse, pour laquelle elle n'était point faite, elle reste d'abord plusieurs années chez les Bernardines de Montfleury, près de Grenoble, où elle était née. Puis, après cinq ans de profession, elle proteste contre ses vœux et contre la contrainte qu'elle avait subie. Grâce à son directeur qui devint amoureux d'elle, elle réussit à passer de son cloître dans un Chapitre de Neuville, près de Lyon, en qualité de chanoinesse. Elle ne tarde pas à quitter Neuville et vient à Paris où les agréments de son esprit et de sa figure lui assurent bientôt des amis puissants et nombreux.

Fontenelle fut séduit un des premiers. Il sollicita du pape un rescrit qui la dégageât de tous liens religieux. Il paraît qu'il l'obtint; mais, comme on apprit en Cour de Rome que la demande reposait sur un exposé de faits peu exact, il ne fut pas lancé. Mme de Tencin s'en passa et ne s'en donna pas moins entièrement au monde.

Elle eut successivement des liaisons avouées avec d'Argenson, avec Bolingbroke, avec le chevalier Destouches, dont elle eut un fils qui fut d'Alembert. Le régent, qui la compta au nombre de ses maîtresses, s'en fatigua vite; mais le cardinal Dubois, charmé de son esprit, fut publiquement son amant et la mit à la tête d'une maison qui devint le rendez-vous de la plus brillante compagnie. Grâce à ces liaisons, il lui fut facile de s'occuper de l'avancement de son frère, à qui elle procura une fortune rapide. Sa dernière intrigue eut une fin tragique. La Fresnaye, conseiller au Grand-Conseil, et l'un de ceux qu'elle domina le plus longtemps, se tua ou fut tué chez elle d'un coup de pistolet. Mme de Tencin, qui avait alors quarante-cinq ans, fut arrêtée, conduite au Châtelet, puis à la Bastille, (1726), sous la prévention d'assassinat. Cependant l'accusation fut abandonnée et, quelques mois après, elle recouvra sa liberté.

Dès lors, Mme de Tencin tient une conduite qui ne lui attire plus que des éloges. Elle se livre avec ardeur à l'étude et fait sa principale préoccupation de rassembler chez elle les hommes les plus distingués dans les lettres et les sciences. Elle compose, dans une langue qui tient beaucoup du siècle de Louis XIV, des romans dont les meilleurs ont été mis en parallèle avec ceux de Mme de La Fayette, sans avoir trop à souffrir de ce rapprochement. Elle y met plus que l'esprit, elle y met de la sensibilité et du talent. *Le Comte de Comminges* est son chef-d'œuvre. Après avoir payé son tribut d'admiration au roman de *la Princesse de Clèves* de Mme de La Fayette, La Harpe ajoute : « Il n'a été donné qu'à une « autre femme de peindre, un siècle après, avec « un succès égal, l'amour luttant contre les « obstacles et la vertu. »

Ce jugement de La Harpe n'est pas contredit par M. Villemain : « C'est l'élégance, dit-il, « et l'imagination sensible de Mme de La Fayette, « mais quelque chose de moins réservé, de moins « sage. Pour le goût, la passion, le naturel, « rien ne surpasse *les Mémoires de Comminges*. »

Une nouvelle historique, *le Siège de Calais*, n'offre pas moins d'attraits, sinon la même régularité. On crut que dans *les Malheurs de l'Amour*, Mme de Tencin avait retracé une partie de sa propre histoire. Elle avait commencé aussi un autre roman : *Anecdotes de la Cour et du règne d'Édouard II, roi d'Angleterre*. Cet ouvrage, laissé imparfait, a été achevé depuis par Mme Élie de Beaumont.

On a prétendu, sans le prouver, que les deux

neveux de Mme de Tencin, Pont-de-Veyle et d'Argental, avaient collaboré à ses romans; « mais dit M. Artaud, quelle est la femme de
« talent à qui la jalousie du monde n'ait pas
« voulu donner un teinturier ? »

Pour mieux faire apprécier le mérite littéraire de Mme Tencin, nous reproduisons quelques courts extraits de ses œuvres. Nous les choisissons dans son roman *les Malheurs de l'Amour*, dont voici l'abrégé en deux mots :

Une riche héritière aime un gentilhomme pauvre, mais son père veut la marier à un noble duc. On parvient à faire jeter en prison le gentilhomme pauvre, et son amante réussit à pénétrer auprès de lui :

« J'étais debout devant son lit, tremblante,
« éperdue, abîmée dans mes larmes et n'ayant
« pas la force de prononcer une parole. Barba-
« san fixa un moment les yeux sur moi et me
« reconnut : « Ah ! *Mademoiselle,* que faites
« vous ? s'écria-t-il. » Les larmes qu'il voulait
« en vain retenir ne lui permirent pas d'en dire
« davantage. Les moindres choses touchent de
« la part de ce qu'on aime, et on est encore

« plus sensible dans les temps de malheur. Ce
« titre de *Mademoiselle,* qui était banni d'entre
« nous, me frappa d'un sentiment douloureux,—
« Je ne suis donc plus votre Pauline ? lui dis-je
« en lui prenant la main et en la lui serrant
« entre les miennes. Vous voulez mourir, vous
« voulez m'abandonner ?

« Sans me répondre il baisait ma main et la
« mouillait de ses larmes. — A quel bonheur,
« dit-il enfin, faut-il que je renonce !..... Ou-
« bliez-moi, poursuivit-il en poussant un pro-
« fond soupir ; oui, je vous aime trop pour vous
« demander un souvenir qui troublerait votre
« repos ! — Ah ! m'écriai-je à travers mille
« sanglots, par pitié pour moi, mon cher Bar-
« basan, conservez votre vie, c'est la mienne
« que je vous demande, etc..... »

Après cette visite, le malade se trouve mieux. Il est bientôt assez fort pour s'échapper de la prison et fuir à l'étranger. On répand même bientôt le faux bruit qu'il s'y est marié ; c'est le commencement des malheurs de Pauline, malheurs qui ne s'arrêteront qu'à la fin tragique de Barbasan, mort pour la défendre.

Un peu avant Mme de Tencin, Mlle de Rocheguilhem écrivait de nombreux romans imités de ceux de Mlle de Scudéry. Qu'il nous suffise de citer dans le nombre : Son *Histoire des Favorites,* — ses *Histoires galantes,* ses *Aventures Grenadines,* etc. — Mlle Deshoulières faisait des vers qui n'avaient pas la mollesse de ceux de sa mère, mais qui n'en avaient pas non plus la facilité qui faisait l'un de leurs principaux mérites. — Mlle l'Héritier traduisait en vers français les *Épîtres héroïques* d'Ovide et publiait la *Tour ténébreuse* ou *Histoire de Richard, Cœur de Lion.*

Nous ne pouvons aussi que nommer Mme Dunoyer, qui laissa des lettres intéressantes ; — Mme Durand, qui mêla l'histoire au roman dans ses *Mémoires de la Cour de Charles VII* et écrivit *la Comtesse de Mortane, le Comte de Cardonne* et d'autres ouvrages dont le plus remarquable est *l'Histoire des plus fameuses courtisanes de la Grèce.* Pour cet ouvrage, Mme Durand recueillit tout ce qu'elle put trouver dans les auteurs grecs et latins sur la belle Rhodope, la savante Aspasie, la fameuse Laïs, la célèbre Lamia.

Les nombreux romans de Mme de Gomez et ceux de Mlle de Lussan sont aussi du même temps. Les *Mémoires* de Mlle Delaunay, baronne de Staal, ont eu une vogue méritée. Le style s'en fit tellement remarquer par la netteté et la justesse que Grimm a dit que, à part la prose de Voltaire, il n'en connaissait pas de plus agréable.

Nommons encore Mme de Richebourg, Mlle Barbier, Mme Le Marchand, Mme de Villeneuve, Mlle de Lubert, Mme de Montaigut, Mme de Puisieux, Mlle Fauques, Mme Élie de Beaumont.

Une circonstance particulière, un acte de charité, nous valut de compter Mme Cottin parmi les femmes qui se distinguèrent par leurs talents.

Douée d'une vive imagination, d'une très grande facilité, Mme Cottin, veuve de bonne heure, se plaisait, dans sa solitude, à écrire les pensées qui frappaient son esprit. Elle fit de la sorte quelques pièces de vers, quelques morceaux de prose dont elle ignorait le charme. Puis, entraînée par sa facilité, elle écrivit de suite deux cents pages sur un plan de roman qu'elle avait conçu. Ce roman était *Claire d'Albe*. Or, un de ses amis, qui venait d'être proscrit, avait besoin de cinquante louis pour pouvoir sortir de France et dérober sa tête aux bourreaux. Mme Cottin rassembla à la hâte les feuilles éparses qu'elle venait d'écrire, les vendit de suite à un libraire pour en remettre le prix à son ami. Ainsi le premier pas que fit Mme Cottin dans la carrière des Lettres fut marqué par une bonne action, et aussi par un bon ouvrage. Elle garda le plus profond secret sur l'une et sur l'autre.

Le roman de *Claire d'Albe* trouva dans le monde un grand nombre de partisans, mais il eut aussi quelques censeurs. Mme Cottin écoutait les critiques, les éloges, avec la même indifférence. Plus tard, quand elle fut connue du public, elle regretta ce temps où elle s'entendait louer ou juger avec franchise et sans ménagement.

Elle n'avait que vingt-cinq ans quand parut *Claire d'Albe* (1798), et comme elle mourut à trente-quatre ans, elle ne put produire que peu d'ouvrages, dont il nous suffira d'indiquer les titres : *Malvina*, — *Amélie Mansfield*, — *Mathilde*, — et enfin *Élisabeth ou les Exilés de Sibérie*.

Mme Cottin trouva, sinon une rivale, du moins une adversaire acharnée dans Mme de Genlis.

Peu d'écrivains, surtout parmi les femmes, ont été aussi féconds que Mme de Genlis. Elle tenta presque tous les genres, sans réussir à s'élever au-dessus du médiocre. Il est vrai qu'elle avait reçu l'éducation la plus étrange, la plus frivole qu'on puisse concevoir.

A l'âge de six ans, elle était reçue chanoinesse du Chapitre d'Alix, près de Lyon, avec le titre de comtesse de Bourbon-Lancy, qu'elle porta jusqu'à son mariage. Elle passa des années vêtue en Amour, avec un carquois et des ailes. « J'avais,
« — dit-elle dans ses *Mémoires*, — mon habit
« d'Amour pour les jours ouvriers et mon habit
« d'Amour des dimanches. Ce jour-là, seulement
« pour aller à l'église, on ne me mettait pas
« d'ailes et l'on jetait sur moi une espèce de
« mante de taffetas couleur de capucine. »
Quand elle quitta son costume d'Amour, ce fut pour prendre l'habit de garçon qu'elle garda aussi plusieurs années.

A douze ans, elle savait à peine lire et former une lettre, mais elle connaissait la Clélie de Mlle de Scudéry et le théâtre de Mlle Barbier, elle composait déjà des Romans et des Comédies qu'elle dictait à son institutrice. Elle apprenait, par routine et sans vouloir déchiffrer une note, à jouer du clavecin et à chanter les plus beaux morceaux. Après la mort de son père, qui deux ou trois fois voulut refaire sa fortune et deux ou trois fois la perdit, elle fut recueillie, avec sa mère restée sans ressources, par le riche financier La Popelinière. Sans perdre son goût pour les plaisirs, elle comprit la nécessité de l'étude et s'y livra avec ardeur. Elle n'avait pas seize ans lorsque le comte Bruslart de Genlis, colonel des Grenadiers de France, depuis marquis de Sillery, en devint amoureux et l'épousa.

Par son mariage elle se trouva la nièce d'une très grande dame, Mme de Montesson, maîtresse, puis femme du duc d'Orléans. Ce fut une protection toute trouvée. En 1782, la comtesse de Genlis reçut le titre de *gouverneur* des enfants du duc. Voilà donc cette jeune femme jouant au Palais-Royal le rôle qu'avaient joué Bossuet et Fénelon à Versailles, et présidant à l'éducation du prince qui fut plus tard le roi Louis-Philippe, et à celle de sa sœur, la princesse Adélaïde.

Naturellement, au début de la Révolution,

Mme de Genlis se jeta dans le parti orléaniste. En 1793, elle reçut l'ordre de quitter la France où elle ne revint que sous l'Empire. Napoléon lui donna même un logement à l'Arsenal et une pension de six mille francs, pour qu'elle lui écrivît tous les quinze jours « sur tout ce qui lui passerait par la tête. » Cette pension, paraît-il, lui fut continuée sous la Restauration par le duc d'Orléans. Elle pouvait vivre d'ailleurs du produit de ses trop nombreux ouvrages. Romans, théâtre, morale, philosophie, mémoires, ouvrages scientifiques, livres d'éducation, il n'est guère de sujets que Mme de Genlis n'ait abordés, sans en excepter la théologie, ce qui lui fit décerner par Marie-Joseph Chénier le titre de *Mère de l'Église*. Il y aurait injustice à ne pas reconnaître dans ses ouvrages des connaissances très variées, ainsi que la correction et l'élégance de son style. On y admire même souvent l'intérêt et l'invention de ses plans. Malgré ses qualités, elle eut l'art de s'aliéner tous les partis par les médisances de sa plume et ses habitudes de tracasserie et d'intrigue. Elle se rendit odieusement ridicule par son animosité à rabaisser les philosophes du dix-huitième siècle et à déprécier les meilleurs écrivains pour se vanter elle-même. Sans vouloir donner la longue liste de ses ouvrages, nous signalerons parmi les principaux : son *Théâtre d'éducation,* — *Adèle et Théodore,* — *les Veillées du Château,* — *Mémoires inédits sur la Révolution française,* — et surtout Mlle *de Clermont,* courte nouvelle d'un mérite incontestable. Signalons encore son ouvrage : *De l'influence des femmes sur la littérature française,* où elle critique, avec non moins d'amertume que d'injustice, deux femmes qui lui sont bien supérieures : Mme Cottin et Mme de Staël.

« Quel silence après tant de bruit ! — s'écrie
« Jules Janin, — quel oubli profond, immense !
« Après avoir fatigué les cent bouches de la
« Renommée, cette femme dont l'élève a passé
« dix-huit ans sur le trône de France, et qui
« joua un rôle si brillant dans les plus grandes
« affaires de ce monde, nous l'avons vue mourir
« sans que personne s'informât comment elle
« était morte. Au contraire, ceux qui apprirent
« cette mort s'étonnèrent de ce que Mme de Genlis
« eût vécu si longtemps, quatre-vingt-cinq ans ! »

Dans les temps troublés de la Révolution, les salons littéraires, où règnent les femmes, disparaissent pour faire place aux salons politiques. Une femme pourtant, née dans la bourgeoisie, se distingue alors entre toutes par l'élévation de son talent et la force de son caractère. C'est Mme Roland, qui fut, plus que son mari, le ministre de la Gironde. Ce sera presque la même chose sous l'Empire, où la politique étouffe la littérature et réduit au silence toutes les voix qui cherchent d'autres accents que les louanges du héros triomphant.

« Vers le milieu du dix-huitième siècle, un
« artiste, assez obscur aujourd'hui, mais alors
« assez célèbre, Gratien Philipon, graveur et
« peintre, qui avait plus de cœur que de tête,
« épousa une jeune femme douce et belle, Mar-
« guerite Bimont. De ce mariage sept enfants
« naquirent ; ils périrent tous en bas âge, ex-
« cepté une fille, *Manon-Jeanne*, qui était venue
« au monde en 1754. Cette paisible famille vécut
« longtemps à Paris, dans la Cité, d'une vie
« moitié bourgeoise, moitié artiste. Marguerite
« idolâtrait son unique enfant. A quatre ans,

« sans jamais l'avoir sérieusement appris, — dit-
« elle, — Manon savait lire. Dès lors, un besoin
« immense d'apprendre qui germait en elle se
« développa et dépassa merveilleusement les li-
« mites de son âge. »

Cette enfant, que M. Lacretelle, de l'Académie française, nous présente ainsi, tiendra toutes ses promesses. Elle s'appellera Mme Roland.

L'ardeur de s'instruire la dominait tellement qu'ayant découvert une cachette où l'un des élèves de son père mettait ses livres, elle allait les lui prendre pour les lire à la dérobée. Ce fut ainsi qu'elle lut *le Plutarque* de Dacier. Elle se passionna pour ce livre, au point de l'emporter à l'église : elle avait alors neuf ans.

« C'est de ce moment, — dit-elle dans ses *Mé-
« moires*, — que datent les impressions et les
« idées qui me rendaient républicaine sans que
« je songeasse à le devenir. »

Dans les élans de son jeune cœur, elle se transportait dans cette admirable antiquité que le génie de l'historien grec faisait revivre sous ses yeux, et elle pleurait de ne pas être née Spartiate ou Romaine.

Elle passa un an dans un couvent pour se préparer à sa première communion, puis l'année suivante chez son aïeule paternelle. Elle reprit dès lors ses premiers exercices, fit des extraits de ses lectures et se mit à étudier la physique, les mathématiques, ainsi que les ouvrages de philosophie et de théologie. Elle avait rapporté du couvent des dispositions tendres et recueillies. Elle aimait les livres de piété. Ce fut de ces livres mêmes que le doute s'introduisit dans son esprit. Dans les ouvrages de controverse religieuse, à côté d'une réponse, elle lisait une objection philosophique à laquelle on n'opposait pas toujours des armes bien fortes. Elle commença dès lors à raisonner sa croyance. Il y avait loin de là au scepticisme où elle devait arriver quelques années plus tard, après avoir été successivement cartésienne, janséniste, stoïcienne et déiste ; mais le premier pas était fait.

Elle retourna alors chez son père. Mme Roland raconte et place à cette époque, dans ses *Mémoires*, certaines sensations involontaires qui annonçaient une constitution ardente et hâtive. Glissons sur ces premières années si tranquilles d'une vie dont la fin devait être si orageuse.

Sa sensibilité, concentrée jusqu'alors, fut mise à la plus grande épreuve : elle perdit sa mère. Et avec le deuil, le malheur et bientôt la ruine entrèrent dans la maison. Le père se jeta dans les distractions mauvaises ; les élèves partirent ; la misère faisait chaque jour un pas dans la maison.

Jeune, belle, dévouée, la pauvre enfant se chargeait de tous les détails du ménage, faisait de nombreux et vains efforts pour arracher son père à la vie de désordres qui l'entraînait, et se consolait de ses déplorables absences en consacrant ses heures solitaires à des études philosophiques.

Ce fut en partie pour sauver son père qu'à l'âge de vingt-cinq ans elle épousa Roland, d'un âge disproportionné au sien, mais dont elle avait appris à estimer le caractère.

« Je devins, — dit-elle, — la femme d'un vé-
« ritable homme de bien, qui m'aima toujours
« davantage, à mesure qu'il me connut mieux ;
« mais je sentis qu'il manquait de parité entre

« nous, que l'ascendant d'un caractère domina-
« teur, joint à celui de vingt années de plus que
« moi, rendait de trop l'une de ces deux supériori-
« tés. Si nous vivions dans la solitude, j'avais des
« heures quelquefois pénibles à passer ; si nous
« allions dans le monde, j'y étais aimée de gens
« dont je m'aperçois que quelques-uns pourraient
« me toucher. Je me plongeai dans le travail de
« mon mari : autre excès qui eut son inconvé-
« nient ; je l'habituai à ne savoir se passer de
« moi pour rien au monde ni dans un seul ins-
« tant..... Mariée, — dit-elle encore, — dans tout
« le sérieux de la raison, je ne trouvai rien qui
« m'en tirât. A force de ne considérer que la
« félicité de *mon partner*, je m'aperçus qu'il
« manquait quelque chose à la mienne. »

La première année du mariage se passa à Paris. Roland fut alors nommé inspecteur des manufactures à Amiens, et Mme Roland y devint mère. Elle ne quittait guère le cabinet, si ce n'est pour des promenades hors de la ville, où elle fit un herbier des plantes de la Picardie. En 1784, elle obtint la translation de son mari dans ce qu'on appelait *la Généralité* de Lyon, où elle le suivit. C'est là que la Révolution naissante vient la surprendre et l'enflammer.

Elle et son mari l'embrassent avec la même ardeur. Ils participent à la rédaction du *Courrier de Lyon*, dans des articles en faveur du nouvel ordre de choses. Un numéro, celui où Mme Roland fait la description de la fédération lyonnaise du 30 mai 1790, et en rend les détails avec autant de talent que d'énergie, fut vendu à plus de soixante mille exemplaires.

Pendant le rude hiver de 1791, Roland fut envoyé en députation extraordinaire pour exprimer à l'Assemblée les plaintes des fabricants et des ouvriers de Lyon. Mme Roland l'accompagna. Elle vit Brissot, avec qui elle entretenait des relations épistolaires sans l'avoir jamais vu. Quatre fois la semaine, elle recevait les députés, les personnages politiques que lui désignait Brissot et qu'unissait une conformité de doctrines. Robespierre et Danton se mêlaient aux groupes sans se faire remarquer. On décidait dans ces réunions ce que l'on devait faire le lendemain, et comme l'influence de la Gironde était la plus forte dans les Assemblées, c'était, par le fait, du salon de Mme Roland, que l'impulsion était donnée.

Ce fut alors que Mme Roland acquit la conviction de sa supériorité. On en trouve l'aveu dans ses *Mémoires* où, après avoir dit combien elle avait été frappée de la médiocrité des hommes en place, elle ajoute : « C'est de cette époque « que j'ai pris de l'assurance ; jusque-là, j'étais « modeste comme une pensionnaire de couvent; « je supposais toujours que les gens plus décidés « que moi étaient aussi plus habiles. » Après la fuite du roi et son arrestation à Varennes, Mme Roland se mit à la tête d'un projet de journal intitulé *le Républicain*. Il n'en parut que deux numéros ; les tentatives pour établir la République étaient prématurées.

Les événements se précipitent. Roland devient ministre en 1792. Mme Roland préside à tous ses travaux. Sous le nom de son mari, elle a l'idée d'écrire au gouvernement cette lettre, devenue célèbre, sur la marche à suivre pour regagner la confiance publique, et où elle donne au roi de cruels conseils, sans un seul mot de bienveillance et d'encouragement.

Dès lors, l'énergie de cette femme touche à l'héroïsme. Mandée à la barre de la Convention, le 7 décembre, pour répondre à une dénonciation calomnieuse, elle force, par les grâces de son éloquence, ses ennemis à se taire et à l'admirer. Au 31 mai, quand un décret d'arrestation est rendu contre les députés de son parti, elle favorise la fuite de son mari, mais, au lieu de le suivre, elle reste : « Le soin de me soustraire « à l'injustice, dit-elle, me coûte plus que « de la subir. » Cette noble dignité ne la quittera plus, ni dans sa prison, ni sur l'échafaud.

Durant ces cinq mois d'emprisonnement, son énergie, sa force de concentration furent telles qu'elle ne vécut plus que dans le monde de ses lectures. Elle prit une véritable passion pour Tacite : « Je ne puis, disait-elle, dormir sans « avoir lu quelques morceaux de lui ; il me sem- « ble que nous voyons de même. »

Mais surtout elle écrit ses *Mémoires* qui, avec sa *Correspondance* et quelques autres écrits, composent l'œuvre littéraire de Mme Roland.

Ses *Mémoires*, intéressent à la fois par le sujet

et par la vivacité émue du style. Elle se peint elle-même au milieu de cette mêlée ardente d'intérêts et de sentiments passionnés, dans sa vie intime qui touche au roman, et dans sa vie publique qui est un chapitre d'histoire. Portée par goût et par habitude à réfléchir sur elle-même et à observer les autres, elle se rend compte de tous ses mouvements intérieurs, et peint les hommes sur les impressions qu'ils excitent en elle. Les portraits qu'elle trace des révolutionnaires de son temps sont d'un coloris vif et d'un effet pittoresque. On est confondu qu'elle ait tant écrit en si peu de temps, et encore une partie de ses *Mémoires* a-t-elle été perdue.

« Nous nous arrêterons ici : Nous n'aurons pas le
« courage de suivre sur les degrés hideux de l'écha-
« faud révolutionnaire une femme belle encore,
« pleine de toutes les vertus du cœur. Le jour
« de son exécution, elle mit une robe blanche,
« sur laquelle retombèrent les anneaux de ses
« beaux cheveux noirs. Elle salua en passant la
« statue de la Liberté, en s'écriant tout haut :
« — O Liberté, que de crimes on commet en
« ton nom ! — Ceux qui virent pour la dernière

« fois cette charmante tête admirèrent pieuse-
« ment le calme qui y régnait, le sourire qui
« l'animait et le regard qui sollicitait la pitié et
« les larmes de la foule. C'était le 8 novembre
« 1793. Ce noble front se coucha sur la même
« planche chaude encore du sang de Marie-
« Antoinette. » (Lacretelle.)

Huit jours après, Roland, caché à Rouen, apprit la mort de sa femme. Il quitta sa retraite, muni d'une canne à épée. Il fit quatre lieues sur la route de Paris, puis s'asseyant sur le bord d'un fossé, il se donna la mort de Caton. On trouva dans une de ses poches un billet qui se terminait ainsi : « Du moment où j'ai appris qu'on avait
« égorgé ma femme, je n'ai pas voulu rester
« plus longtemps sur une terre souillée de
« crimes. »

CHAPITRE VII

XIX.ᵉ SIÈCLE

Mᵐᵉ de Staël.— Son enfance, sa vie politique et littéraire, ses œuvres — Mᵐᵉ Dufrénoy — Mᵐᵉ Aimable Tastu. — Mᵐᵉ de Bawr.— Mᵐᵉ de Bradi.— Mᵐᵉ Desbordes-Valmore.— Mᵐᵉ Sophie Gay. — Mᵐᵉ Emile de Girardin. — Mᵐᵉ Louise Colot.— Mᵐᵉ Clémence Robert et plusieurs autres.— Mᵐᵉ Anaïs Ségalas.

Une femme a marqué d'une empreinte ineffaçable l'époque de transition du dix-huitième au dix-neuvième siècle. « C'est la seule femme-au-« teur, a dit Rivarol, qui fasse illusion sur son « sexe. » Cette femme, c'est Mᵐᵉ de Stael ; et en effet la vigueur et la portée sont les traits distinctifs de cette intelligence aussi brillante que forte et souple.

Anne-Louise-Germaine Necker, baronne de

Staël-Holstein (1766-1817), était fille unique du ministre populaire dont l'avènement aux finances, sous le règne de Louis XVI, fut comme l'aurore de la Révolution. Sa mère, Suzanne Curchod, était protestante et d'un rigorisme excessif. Femme distinguée, d'ailleurs, elle entreprit l'éducation de sa fille. Mais, peu sensible aux charmes de l'enfance, elle y apporta la raideur qui la caractérisait. Ce système était déplorable à l'égard d'une enfant pleine de vivacité, de franchise, et dont l'intelligence d'élite se manifestait par une précocité singulière.

On a dit de Mlle Necker qu'elle avait toujours été jeune et qu'elle n'avait jamais été enfant. Un de ses jeux favoris était de fabriquer des rois et des reines avec du papier de couleur et de leur faire jouer des tragédies, où elle parlait successivement pour tous les personnages. Sa mère, qui avait sur le théâtre les idées austères du calvinisme, lui interdisait cet amusement. Il fallait qu'elle se cachât pour se livrer à son plaisir irrésistible.

Necker connut beaucoup mieux son caractère. Tempérant la rigueur méthodique de sa femme, par des complaisances et des caresses paternelles, il accoutuma de bonne heure sa fille à se montrer devant lui dans toute la candeur de son âme. Il se plaisait à l'agacer pour la faire parler, et elle répondait à ses douces railleries avec ce mélange de gaieté et d'affectueux respect qu'elle conserva toujours dans ses rapports avec lui. Profondément reconnaissante de ses bontés, elle mettait une ardeur extrême à lui complaire dans les plus petites choses.

Il paraît d'ailleurs que, tout enfant, elle trouvait son principal amusement dans la conversation savante des amis de son père, Raynal, Buffon, Grimm, Marmontel, Gibbon, etc., et les charmait par la vivacité et le sérieux de ses réparties.

On dit même que, frappée de la grande admiration que son père professait pour l'historien Gibbon, elle s'imagina qu'il était de son devoir de l'épouser, afin que Necker pût jouir constamment d'une conversation aussi agréable pour lui. Elle lui fit très sérieusement la proposition de ce mariage, — aussi sérieusement que peut le faire une petite fille de dix ans.

A onze ans, elle avait déjà l'intelligence assez cultivée pour s'essayer à composer des portraits et des éloges, dans le goût académique de Thomas, autre commensal de la maison. Montesquieu était l'un de ses auteurs favoris, et, à l'âge de quinze ans, elle présentait à son père une suite d'extraits de l'*Esprit des Lois*, accompagnés de ses réflexions personnelles.

Toutes ses lectures produisaient en elle une impression extraordinaire, et la grande sensibilité de son cœur se développait comme la vivacité de son esprit. Malheureusement une telle précocité ne se produisit qu'aux dépens de sa constitution physique. Le docteur Tronchin jugea nécessaire de faire conduire la jeune malade à la campagne, où elle devrait passer ses journées en plein air, s'interdisant toute étude sérieuse. Ce nouveau plan contrariait violemment tous ceux de sa mère, qui renonça de travailler désormais aux progrès d'une éducation qu'elle ne pouvait plus diriger comme elle l'entendait. C'est ce qui pouvait arriver de plus heureux à Mlle Necker.

Elle fut envoyée dans cette solitude de Saint-

Ouen, où une vie toute poétique succéda pour elle à une vie toute studieuse. Ses plus beaux jours, et ils étaient fréquents, étaient ceux où son père allait la voir, cherchant auprès d'elle une distraction aux soucis du ministère. Sa tendresse pour lui se transforma en une sorte de culte, au point qu'un jour, dans un élan d'affection filiale, elle lui avoua qu'elle se surprenait à être jalouse de sa mère.

Et pourtant le sérieux ministre n'était guère prodigue de démonstrations extérieures ; il applaudissait rarement aux succès de sa fille, mais il ne manquait jamais de relever ses fautes et de les tourner en ridicule. « Il démasquait en moi toute « affectation, — a dit depuis Mme de Staël, « — et j'ai pris auprès de lui l'habitude de croire « que l'on voyait clair dans mon cœur. » Lorsque Necker publia son *Compte-Rendu*, sa fille, qui n'avait alors que seize ans, fut dévorée du désir de s'exprimer sur un ouvrage qui faisait le sujet de toutes les conversations. Elle imagina d'écrire à son père une lettre anonyme. Mais au tour personnel des idées et du style, il reconnut l'auteur et, dès ce moment, il mit dans ses relations avec elle un redoublement de tendresse et de confiance.

Puis, successivement, elle écrivit plusieurs nouvelles qui ne furent publiées que dix ans après (1795) : *Mirza, Adélaide et Théodore, Pauline*, et elle composa, en 1786, un drame en vers, *Sophie* ou les *Sentiments secrets*. C'est précisément l'année de son mariage avec le baron de Staël-Holstein, ambassadeur de Suède à la cour de France.

Une parente et une amie de Mme de Staël, qui a consacré un volume à sa mémoire, Mme Necker de Saussure, nous fait entendre très clairement que l'ascendant toujours croissant, que la jeune personne prenait sur l'esprit et les affections de son père, était loin d'être vu de bon œil par sa mère. Nous extrayons du même ouvrage deux portraits de Mlle. Necker, l'année de son mariage. L'un est de Guibert ; il est tracé dans le goût de l'époque et Mlle Necker y est représentée sous le nom de Zulmé :

« Zulmé n'a que vingt ans, et elle est la prê-
« tresse la plus célèbre d'Apollon ; elle est celle
« dont l'encens lui est le plus agréable, dont les

« hymnes lui sont les plus chers... Ses grands
« yeux noirs étincellent de génie ; ses cheveux,
« de couleur d'ébène, retombent sur ses épaules
« en boucles ondoyantes ; ses traits sont plus
« prononcés que délicats ; on y sent quelque
« chose au dessus de la destinée de son
« sexe. »

Le deuxième portrait est de Mme Necker de Saussure elle-même :

« Mme de Stael avait de la grâce dans tous
« ses mouvements. Sa figure, sans satisfaire
« entièrement les regards, les attirait d'abord et
« les retenait ensuite. Il s'y développait subitement
« une sorte de beauté, si on peut dire, intellec-
« tuelle. Le génie éclatait tout à coup dans ses yeux
« qui étaient d'une rare magnificence. Sa taille un
« peu forte, ses poses bien dessinées, donnaient
« une grande énergie, un singulier aplomb à ses
« discours. Il y avait quelque chose de drama-
« tique en elle ; et même sa toilette, quoique
« exempte de toute exagération, tenait à
« l'idée du pittoresque plus qu'à celle de la
« mode. »

« J'ai eu moi-même sous les yeux, — dit à ce

Mme DE STAEL

« propos Sainte-Beuve, — un portrait peint de
« Mlle Necker, toute jeune personne ; c'est
« bien ainsi : cheveux épars et légèrement
« bouffants, l'œil confiant et baigné de clarté,
« le front haut, la lèvre entr'ouverte et parlante,
« modérément épaisse en signe d'intelligence et
« de bonté, le tout animé par le sentiment; le cou,
« les bras nus, un costume léger, un ruban qui
« flotte à la ceinture, le sein respirant à pleine
« haleine; telle pouvait être la Sophie de
« l'*Émile.* »

C'est qu'en effet, à la campagne, elle avait lu les livres de J.-J. Rousseau et de Richardson, avec des émotions indescriptibles. Rousseau, plus que tout autre, fut le maître et l'inspirateur de Mme de Staël, et le premier écrit qu'elle donna sous son nom fut intitulé : *Lettres sur le caractère et les écrits de J.-J. Rousseau.* (1788.)

« Les *Lettres sur Jean-Jacques* sont un hom-
« mage de reconnaissance envers l'auteur admiré
« et préféré, envers celui même à qui Mme de
« Staël se rattache le plus immédiatement.
« Assez d'autres dissimulent avec soin, taisent
« ou critiquent les parents littéraires dont ils

« procèdent ; il est d'une noble candeur de
« débuter en avouant, en célébrant celui de qui
« on s'est inspiré, des mains duquel on a reçu le
« flambeau, celui d'où nous est venu ce large
« fleuve de la belle parole dont autrefois Dante
« remerciait Virgile ; Mme de Staël, en littérature
« aussi, avait de la passion filiale. Les *Lettres sur*
« *Jean-Jacques* sont un hymne, mais un hymne
« nourri de pensées graves, en même temps que
« varié d'observations fines, un hymne au ton
« déjà mâle et soutenu, où Corinne se pourra
« reconnaître encore après être redescendue du
« Capitole. Tous les écrits futurs de Mme de Staël,
« en divers genres, romans, morale, politique,
« se trouvent d'avance présagés dans cette rapide
« et harmonieuse louange de ceux de Rousseau,
« comme une grande œuvre musicale se pose,
« entière déjà de pensée, dans son ouverture. Le
« succès de ces *Lettres*, qui répondaient au mou-
« vement sympathique du temps, fut univer-
« sel. » (Sainte-Beuve.)

Mais une carrière toute nouvelle, la carrière politique, s'ouvrit devant elle. La Révolution française éclata. Lorsque tant de têtes étaient exaltées, ce n'est pas la sienne qui pouvait rester froide. Passionnée pour la liberté et enthousiaste de la Constitution anglaise, elle s'associa ardemment aux idées de réforme ; mais, sans rien abandonner de ses principes, elle s'opposa avec courage aux abus et aux crimes commis en leur nom. Au commencement de 1792, elle fit même proposer vainement un plan pour l'évasion de Louis XVI et de sa famille. Elle était encore à Paris lors des massacres de septembre. Elle en sortit non sans peine ni quelque danger, et gagna la Suède, où son mari était rappelé, puis vint s'établir dans le pays de Vaud, au château de Coppet, où Necker s'était retiré dès 1790, et qu'elle a immortalisé. Elle était si troublée pendant les événements qui s'agitaient que c'est à peine si elle prit la plume. On ne connaît d'elle, comme ayant été composé à cette époque, que son *Mémoire pour la défense de Marie-Antoinette*.

Un peu plus tard, après la chute de Robespierre, elle s'honorait aux yeux de l'Europe par ses *Réflexions sur la paix, adressées à Pitt et aux Français*, en faveur d'un rapprochement entre l'Angleterre et la France, et que Fox cita avec éloge dans le Parlement. « Il y a une inspiration « antique dans cette figure de jeune femme qui « s'élance pour parler à un peuple, le pied sur « les décombres tout fumants. »

Enfin, après avoir réuni sous le titre de *Morceaux détachés*, des pages de jeunesse, entre autres l'*Essai sur les fictions* et l'*Épître au malheur*, elle marqua d'une façon plus décisive l'originalité de son esprit ingénieux et puissant, et l'indépendance toute philosophique de sa pensée, dans son livre de l'*Influence des passions sur le bonheur des individus et des nations*. (1796.)

Cependant Mme de Stael devenait le centre d'un mouvement sérieux d'action politique. Elle était l'âme d'un parti constitutionnel. Elle avait fait rentrer en France Talleyrand ; elle formait et dirigeait Benjamin Constant ; et elle raconte elle-même avec naïveté l'impression étrange, antipathique, que le général Bonaparte produisait sur elle. Elle combattit donc avec acharnement la politique du 18 Brumaire.

Bonaparte cependant commença par rechercher, mais vainement, l'appui du talent te de l'influence de Mme de Stael. Il lui fit demander, par

son frère Joseph, si elle voulait que les deux millions que M. Necker avait déposés au trésor lui fussent payés. « Il ne s'agit pas de ce que je « veux, répondit-elle, mais de ce que je pense. » Dès lors pendant toute la durée du Consulat et de l'Empire, sa vie ne fut plus qu'une suite de persécutions et d'exil. « La haine du chef du
« pouvoir contre les idées et surtout contre l'in-
« dépendance d'esprit que Mme de Staël repré-
« sentait eut parfois un caractère d'acharnement
« personnel, qu'on a tenté d'expliquer par des
« anecdotes suspectes. Tour à tour réfugiée à
« Coppet, où elle eut sa petite cour, à Genève, à
« Weimar, internée ou tolérée aux environs de
« Versailles, puis de Blois, bannie de France
« *dans les trois jours* », poursuivie de ville en
« ville par la police ou la diplomatie impériale
« frappée dans ses amis, le comte de Montmo-
« rency et Mme Récamier, exilés eux-mêmes pour
« l'avoir reçue ou avoir été reçus par elle, elle
« fuit à Vienne, à Moscou, à Saint-Pétersbourg, à
« Stockholm, en Angleterre. C'est au milieu de
« cette vie errante et de ces épreuves, qu'elle pro-
« duisit ses plus beaux ouvrages, accueillis avec

«admiration et enthousiasme dans toute l'Europe.»

Dans son livre remarquable : *De la littérature considérée dans ses rapports avec les institutions sociales*, elle pose le principe de la perfectibilité indéfinie de l'esprit humain, et en fait l'application à la littérature, d'après cet autre principe qu'elle formule : La littérature est l'expression de la société.

Chateaubriand en fit la critique dans le *Mercure*, mais avec tant de courtoisie et d'urbanité que l'amitié de ces deux grands écrivains, dont les noms sont associés à la rénovation littéraire du dix-neuvième siècle, date de cette époque.

Delphine parut en 1802. Roman par lettres, un peu vague, un peu métaphysique, il eut un grand succès, dû surtout à la douce sensibilité, à l'émotion sincère qui font le charme de cette composition. Mais ce succès n'était rien encore à côté de celui qui salua l'apparition de *Corinne* (1807) et retentit dans l'Europe entière. Jamais Mme de Staël n'avait atteint à une telle hauteur, jamais elle n'avait été plus profonde, plus poétique, plus éloquente. *Corinne*, c'est la glorification de l'Italie, mais c'est aussi la personnification idéale de la femme moderne. Les goûts les plus divers trouvent à se satisfaire dans cette contemplation des merveilles de l'Italie : C'est un roman, en même temps qu'un tableau dont l'œil exercé peut encore reconnaître la fidélité, à travers le luxe éblouissant du coloris.

Mais la personnalité philosophique et littéraire de M*me* de Staël s'affirma avec plus d'autorité encore, sinon avec autant d'éclat, dans son livre *De l'Allemagne*. Avant de le publier, elle fit même un nouveau voyage dans ce pays, afin de recueillir tous les documents qui lui étaient nécessaires pour en achever le tableau. Mais, attachant un grand prix à diriger elle-même l'impression de ces trois volumes sur l'*Allemagne*, elle ne tarda pas à se rapprocher de Paris. Leur publication fut un des épisodes les plus caractéristiques de l'histoire de la Censure. L'édition, faite sous le contrôle de l'autorité avec les expurgations demandées, tirée à dix mille exemplaires, fut saisie chez l'éditeur et anéantie. En outre, le séjour de la France fut tout à fait interdit à l'auteur. M*me* de Stael fut reléguée à Coppet, avec défense de sortir de son château. Elle soupçonna tou-

jours, — et ses soupçons pouvaient bien avoir quelque fondement, — que la cause de cette saisie, puis de l'ordre brutal de départ immédiat, venait de ce qu'on ne trouvait pas, dans son ouvrage, un seul mot qui rappelât Napoléon et les exploits de nos armées. En tout cas, cette poursuite d'un ouvrage, approuvé par la Censure, se fit sous la responsabilité d'un nouveau ministre, Savary, duc de Rovigo. Mme de Staël demanda un léger sursis à son départ pour faire les apprêts de de son embarquement ; le duc de Rovigo ne lui fit qu'une froide réponse. Cet odieux procédé, que rien ne justifie, est rappelé, par Mme de Staël, dans la préface de la seconde édition de l'*Allemagne*. « Votre ouvrage n'est point français, » lui écrivit le nouveau ministre, en se vantant d'en avoir lui-même arrêté la publication, puis il ajoutait à la dureté de ses ordres cette ironie dont le goût lui parut sans doute plus français :
« Il m'a paru que l'air de ce pays-ci ne vous con-
« venait point, et nous n'en sommes pas encore
« réduits à chercher des modèles dans les peuples
« que vous admirez. »

« C'était, en effet, le trait particulier et original

« du livre *de l'Allemagne,* de faire comprendre
« pour la première fois à la France une littéra-
« ture, un art, une philosophie, un caractère
« national, que nous avait rendus inaccessibles
« jusque-là, non pas précisément, comme on se
« plaît à le dire, la barrière du Rhin, mais la
« différence profonde des langues, de l'histoire
« et du génie des deux peuples. L'Allemagne
« qu'elle nous présentait, c'était celle de Weimar,
« cette Athènes germanique, c'est-à-dire l'Alle-
« magne de Gœthe, de Schiller, de Wieland, de
« Tieck, etc., que Mme de Stael avait person-
« nellement connus, celle de tous les écrivains
« qui, depuis Klopstock, avaient travaillé à s'af-
« franchir de l'imitation et de la contrefaçon
« étrangères. Guillaume Schlegel, son ami et le
« précepteur de ses enfants, avait sans doute
« contribué à initier l'auteur à la connaissance
« d'un monde au fond si peu français, mais rien
« n'autorise à lui faire l'honneur d'une collabo-
« ration active à une *œuvre si française par l'exé-*
« *cution.* Malgré des inexactitudes de fait et de
« jugement, on a pu dire que ce livre était toute
« une révélation. Il a gardé longtemps ce carac-

« tère, et une foule d'études littéraires, philoso-
« phiques, politiques sur l'Allemagne et les
« Allemands, n'ont fait souvent que reprendre,
« fortifier et quelquefois obscurcir les traits de
« cette première et lumineuse esquisse. Ce fut
« aussi une révolution. Quelque distance qu'il y
« ait du romantisme allemand au romantisme
« français, le premier ne devait pas être inutile
« à l'éclosion du second, et nos réformateurs
« n'eurent parfois qu'à tourner les chapitres de
« l'*Allemagne* en manifestes. Dans tous les cas, en
« nous ouvrant de nouveaux horizons, l'auteur
« contribuait plus que personne à cet agrandisse-
« ment, à cette indépendance de l'esprit, propre
« à la littérature du dix-neuvième siècle. Il faut
« ajouter que, par la profondeur et la finesse des
« vues, la vigueur des traits, l'appropriation des
« images aux idées, la maturité enfin d'un style
« où l'habitude de la recherche, de l'ingénieux et
« de l'effet ne se marque plus que par un sur-
« croît de pénétration et de force, l'*Allemagne*
« est restée le plus beau livre de Mme de Staël et
« le plus remarquable sans doute qui soit sorti
« de la plume d'une femme. »

Dans cet article, M. Vapereau nous a paru trop qien résumer les meilleurs jugements portés sur le livre *de l'Allemagne* pour que nous ayons pu renoncer au plaisir de le citer tout entier.

C'est à Stockholm que l'illustre exilée rédigea son journal : *Dix Années d'exil*, et elle partit pour Londres avant d'avoir pu l'achever.

Rentrée en France après la Restauration, elle se retira précipitamment à Coppet lorsqu'elle apprit que Napoléon revenait de l'île d'Elbe. L'empereur toutefois lui fit demander, pendant les Cent-Jours, de revenir à Paris, parce qu'on y avait besoin d'elle pour propager les idées constitutionnelles. Elle refusa l'invitation en disant : « Il s'est bien passé de constitution et de moi « pendant douze ans, et à présent même, il ne « nous aime guère plus l'une que l'autre. »

Mme de Staël rentra à Paris, avec la seconde Restauration, dans ce Paris qui, de tous les séjours de la terre, était toujours le plus cher à ses yeux. On connaît cette anecdote : Pendant un de ses séjours au milieu des plus riantes vallées de la Suisse, un de ses amis la félicitait du plaisir qu'elle devait avoir à contempler ces verts bocages, à entendre le murmure des ruisseaux : « Ah ! s'écria-t-elle, il n'y a pas pour moi de ruisseau qui vaille celui de la rue du Bac ! »

Mme de Staël écrivit encore, entre autres ouvrages, ses *Considérations sur les principaux événements de la Révolution Française*. C'est l'un des meilleurs livres d'histoire politique, et il est même préféré par quelques critiques à son livre *de l'Allemagne*.

On sait que son premier mariage, où les convenances de religion avaient été plus consultées que les sentiments, n'avait guère été heureux. Dès 1796, elle s'était séparée de son mari après en avoir eu trois enfants, et elle ne se rapprocha de lui que pour le soigner dans sa dernière maladie (1802). C'est à Coppet que, dix ans plus tard, elle reçut la visite d'un jeune officier de hussards, Michel de Rocca, qui venait d'être dangereusement blessé dans la guerre d'Espagne. Dans l'isolement où elle se trouvait, elle fut frappée de la reconnaissance qu'il lui témoigna pour les services qu'elle lui avait prodigués. Sensible aux preuves de son dévouement et de son enthousiasme, elle se détermina à l'épouser secrètement, mais sans vouloir abandonner un nom qu'elle avait illustré. Ce ne fut que par la lecture de son testament que son mariage avec M. de Rocca, resté secret depuis plusieurs années, devint un fait hors de doute. Elle y autorise ses enfants à rendre cette union publique, ainsi que la naissance d'un fils qui en était provenu.

C'est à Paris que mourut Mme de Staël, le 14 juillet 1817. Le culte filial qu'elle avait voué à son père lui resta jusqu'à la fin, et, dans sa dernière maladie, sentant sa fin prochaine, elle disait : « Mon père m'attend sur l'autre bord. » Ses restes furent transportés à Coppet et déposés dans le monument qu'elle y avait érigé à son père et à sa mère.

Nous ne citerons rien des nombreux jugements portés sur de Mme Staël, et nous concluerons simplement avec Chateaubriand : « Pour nous,
« dit-il, que le talent séduit et qui ne faisons point
« la guerre aux tombeaux, nous nous plaisons à
« reconnaître dans Mme de Staël une femme
« d'un esprit rare. Malgré les défauts de sa ma-
« nière, elle ajoutera un nom de plus à la liste
« des noms qui ne doivent pas mourir. »

Sur les traces de l'auteur de *Corinne*, mais à une grande distance derrière elle, brilla dans le même temps une femme beaucoup trop vantée de ses contemporains, et peut-être un peu trop oubliée des nôtres. Mme Dufrénoy (1765-1825) ne méritait sans doute :

> Ni cet excès d'honneur, ni cette indignité.

Élève de Tibulle et de Properce, nourrie de la lecture d'Horace et de Virgile, dont elle possédait la langue, elle publia des poésies érotiques sous le titre d'*Élégies*, qui lui valurent le surnom de *Sapho française*. Elle composa en outre des romans, des ouvrages d'éducation, et fut couronnée par l'Institut pour sa pièce de vers : *Les Derniers Moments de Bayard*.

On peut juger de sa célébrité par l'enthousiasme de Béranger :

> Veille, ma lampe, veille encore,
> Je lis les vers de Dufrénoy.

Une gracieuse idylle, *le Narcisse*, parue dans *le Mercure*, fit connaître une jeune fille, Mlle Voiart, qui, un an après, devint jeune femme et s'appela Mme Tastu. Mme Dufrénoy fut ravie de cet essai et offrit à l'auteur ses conseils et son amitié. Outre de nombreuses poésies, on doit à Mme Tastu de remarquables ouvrages d'éducation qui obtinrent un grand et légitime succès. Elle remporta le prix à l'Académie française pour son *Éloge de Mme de Sévigné*.

C'est vers le même temps que Mme de Bawr écrivait ses romans et douze comédies dont plusieurs furent favorablement accueillies sur divers théâtres de Paris. On lui doit encore un ouvrage d'un genre tout différent : *l'Histoire de la musique,* tableau rapide des vicissitudes de cet art chez les peuples de l'antiquité et parmi les nations de l'Europe moderne. Ce travail fait ressortir non seulement la profonde connaissance que de Mme Bawr avait de la théorie musicale, mais aussi la délicatesse de son goût et sa fermeté de critique.

Mariée deux fois, elle l'avait été une première avec le comte de Saint-Simon qui demanda le divorce parce que, paraît-il, il nourrissait l'inconcevable espérance de se remarier avec Mme de Staël, aussitôt qu'il aurait reconquis sa liberté. Elle continua, après le divorce, à porter son nom, jusque au moment où elle se remaria avec M. de Bawr, officier russe, qui périt quelques années après de la manière la plus funeste : il fut écrasé dans la rue par une voiture chargée de pierres, dont la roue se détacha de l'essieu.

Ces diverses infortunes obligèrent Mme de Bawr de demander à sa plume un moyen honorable d'existence.

Ajoutons à ce nom celui de la comtesse de Bradi qui, de dame châtelaine, devint femme-auteur et se résigna, suivant ses propres expressions, « tristement, mais sans humeur, à travailler pour vivre. » Mme de Genlis, qui se plaisait à la nommer son élève, lui promettait d'ailleurs du succès et lui écrivait : « Vous êtes appelée à me seconder et à me succéder en tout. » Ses meilleurs écrits sont des *Contes et Nouvelles*, ainsi que des *Mémoires de son temps*.

Ajoutons encore le nom de Mme Desbordes-Valmore (1786-1859). Après quelques débuts assez heureux à l'Opéra-Comique, elle quitta le théâtre au moment de son mariage avec l'acteur Valmore. Elle se fit alors connaître par des poésies : *Les Fleurs*, — *Élégies et Romances*, —

Bouquets et Prières, etc., dont les grâces plus ou moins pieuses ou mélancoliques furent très goûtées dans les salons.

Nous ne prononcerons le nom de Mme Sophie Gay, femme-auteur des plus spirituelles du premier Empire, et qui, par sa conversation fine et délicate, non moins que par ses romans, tint une place distinguée dans la société, que pour parler de sa fille Delphine, plus connue sous le nom de Mme Émile de Girardin.

C'est sous les auspices de sa mère que Mme de Girardin (née à Aix-la-Chapelle en 1804 et morte à Paris en 1855) se fit remarquer de bonne heure dans la *Muse française*. A quinze ans, sa beauté originale, sentimentale et rêveuse, la faisait comparer à Corinne chantant au cap Misène ses odes inspirées. C'est cette beauté qu'ont chantée tour à tour Sainte-Beuve, Jules Janin, Théophile Gauthier, Paul de Saint-Victor et bien d'autres. Voici le portrait qu'en fit Lamartine : « Elle était assise sur un tronc « d'arbre que les enfants des chaumières voi- « sines avaient roulé là pour les étrangers ; son « bras, admirable de forme et de blancheur,

« était accoudé sur le parapet. Il soutenait sa
« tête pensive ; sa main gauche, comme alan-
« guie par l'excès des sensations, tenait un petit
« bouquet de pervenches et de fleurs des eaux
« nouées par un fil, que les enfants lui avaient
« sans doute cueilli, et qui traînait, au bout de
« ses doigts distraits, dans l'herbe humide. Sa
« taille élevée et souple se devinait dans la non-
« chalance de sa pose ; ses cheveux abondants,
« soyeux, d'un blond sévère, ondoyaient au
« souffle impétueux des eaux, comme ceux des
« sibylles, que l'extase dénoue, etc., etc. »

Delphine Gay s'était surtout fait remarquer par la précocité de son talent. En 1822, elle fut couronnée par l'Académie française pour un petit poème intitulé : *Le Dévouement des médecins français et des sœurs de Sainte-Camille dans la peste de Barcelone.*

Elle traita dès lors des sujets intimes et des sujets patriotiques, et la manière dont elle aborda ces derniers lui valut le surnom de « Muse de la Patrie. »

On remarque, parmi ses meilleurs morceaux poétiques de cette époque, *Madeleine,* — *Amélie, la Veuve de Naïm*, — *le Bonheur d'être belle*, — *Napoline*, — *le Sacre de Charles X*, etc. Deux recueils, *les Essais poétiques*, et *les Nouveaux Essais poétiques*, résument cette première période de son activité littéraire.

En 1827, le voyage qu'elle fit en Italie avec sa mère fut pour elle une véritable ovation. Par acclamation elle fut reçue membre de l'Académie du Tibre et couronnée au Capitole. Elle rapporta de ce voyage: *le Retour*, — *la Pèlerine*, — *le Dernier jour de Pompéi*, et diverses élégies : *le Repentir*, *le Désenchantement*, etc.

En 1831, Delphine Gay devint la femme de M. Émile de Girardin. Sans abandonner la poésie, elle écrivit, d'une plume alerte, des romans et des articles de critique dans les divers journaux que fondait alors, avec son activité remuante de publiciste aventureux, son infatigable mari. Ses romans, *le Lorgnon*, — *le Marquis de Pontanges*, — *les Contes d'une vieille fille à ses neveux*, — *la Canne de M. de Balzac*, — *Marguerite ou Deux Amours*, etc., furent très remarqués. Mais son œuvre originale à cette époque, et qui contribua à la fortune du journal *la Presse*, fut la publication dans le feuilleton de ce journal des *Lettres parisiennes*, qu'elles signait du pseudonyme de *Vicomte de Launay*. C'est dans ces pages aimables et spirituelles qu'elle prodigue sa verve, sa malice, ses paradoxes amusants. N'y cherchons pas trop de cœur, nous y trouverions une sentimentalité plus maniérée que sincère ; n'y cherchons que l'esprit, et alors nous aurons le nouveau modèle et le vrai type de la chronique périodique.

Mme Émile de Girardin s'acquit bientôt comme femme d'esprit et femme du monde une grande réputation. Son salon fut l'un des derniers centres de ces réunions littéraires où l'esprit s'associe à l'élégance. Il comptait parmi ses familiers : Victor Hugo, Musset, Balzac, Méry, Soulié, Th. Gauthier, etc. — Elle s'essaya aussi au théâtre, mais ce sont ses petites pièces, et non ses grandes, qui ont été le plus goûtées. Signalons rapidement : *l'École des Journalistes*, comédie anodine arrêtée par la censure ; — deux tragédies, *Judith* et *Cléopâtre* ; — et quelques autres comédies, *C'est la faute du mari*, *Lady Tartuffe*, *la Joie fait peur*, *le Chapeau de l'hor-*

loger, qui obtint un succès de fou rire, après le succès de larmes de la pièce précédente.

Dans l'intervalle, elle avait publié en collaboration avec Méry, Sandeau et Théophile Gauthier, un roman par lettres, *la Croix de Berny*, où, sous le pseudonyme d'Irène de Châteaudun, elle rivalisa d'esprit avec les trois brillants conteurs.

Nous emprunterons à Théophile Gauthier quelques lignes qu'il lui consacra au lendemain de sa mort : « Dans les dernières années de sa
« vie, la beauté de Mme de Girardin avait pris
« un caractère de grandeur et de mélancolie sin-
« gulier. Ses traits idéalisés, sa paleur transpa-
« rente, la molle langueur de ses poses, ne tra-
« hissaient pas les ravages sourds d'une maladie
« mortelle. A demi couchée sur un divan et les
« pieds couverts d'une résille de laine blanche
« et rouge, elle avait plutôt l'air d'être conva-
« lescente que malade. George Sand, qu'elle
« admirait sans aucune arrière-pensée, la vit
« souvent vers cette époque, et tandis que George
« fumait silencieusement sa cigarette, immobile
« et rêveuse comme un sphinx, Delphine, oubliant

« ou cachant sa souffrance, savait encore lui
« adresser quelques flatteries ingénieuses, quel-
« que mot charmant plein de cœur et d'esprit.....
« Quand l'ange funèbre est venu la prendre, elle
« l'attendait depuis longtemps. »

Avant d'entreprendre une étude rapide sur la vie et l'œuvre de George Sand, il est d'autres noms qu'il convient de placer ici. C'est d'abord celui de Louise Colet (1810-1876). — Née à Aix, en Provence, Louise Révoil épousa le compositeur Hippolyte Colet, avec qui elle vint à Paris. L'Académie française couronna successivement quatre de ses pièces de poésie : *Le Musée de Versailles*, — *le Monument de Molière*, — *la Colonie Mettray*, — et *l'Acropole*. Louise Colet publia en outre des romans, des récits de voyages, d'aventures personnelles, et de nombreux volumes de poésies, notamment *le Poème de la femme*. Au milieu même de ses succès académiques, elle eut avec Alphonse Karr des querelles littéraires qui firent beaucoup de bruit. Puis elle s'éprit d'enthousiasme pour Garibaldi, elle se lança dans la politique et prit une part active au mouvement de l'indépendance italienne.

Nous rencontrons encore parmi les femmes qui cultivèrent avec succès la poésie et le roman : Clémence Robert (1797-1872) ; — Mᵐᵉ Désormery, qui écrivit ses romans à la manière de Walter Scott ; — Mᵐᵉ de Villiers, qui appartenait par sa mère à l'ancienne famille des Rotrou, et qui se fit connaître comme collaboratrice du *Journal des Femmes* et du journal *l'Époque ;* et par sa brochure *Paroles d'un Mécréant*, en réponse à M. de Lamennais ; — Mᵐᵉ Mennessier-Nodier, fille de Charles Nodier qui l'éleva avec soin et vendit sa bibliothèque pour lui faire une dot ; elle collabora à un grand nombre de publications et écrivit *les Heures du Soir* où se trouve cette délicieuse nouvelle, *Laura Murillo,* etc. ; — Mᵐᵉ Victoire Babois, qui publia ses *Élégies maternelles ;* — la princesse de Salm-Dyck, dont il faut signaler parmi les œuvres : *Le Bouton de rose,* — *Vingt-Quatre heures d'une femme sensible,* — *Pensées,* — *Mes soixante ans,* etc. ; — Mˡˡᵉ Alida de Savignac ; — Mᵐᵉ de Saint-Ouen, qui publia des ouvrages historiques ; — la duchesse Laure d'Abrantès, auteur de *Mémoires* intéressants ; — la comtesse d'Hautpoul, qui fit des idylles comme Deshoulières et des nouvelles dans le genre de Florian.

Il y aurait peu d'intérêt à prolonger cette nomenclature, qui certes est bien loin d'être complète. Le cadre de cet ouvrage ne nous permet pas de donner sur ces divers auteurs des détails qui offriraient plus d'attraits, mais aussi nous entraîneraient beaucoup trop loin. Nous passons à regret bien des noms qui auraient pourtant le droit de figurer dans cette galerie. Tels sont, par exemple, les noms de Mme Guizot, de Mme Delabarre, de Mme Victorine Collin, de Mme d'Altenheym, de Mme de Ségur, de Mme Dupin, de Mme Sophie Pannier, de Mme Lesguillon, etc.

Nous devons cependant plus qu'une simple mention à Mme Anaïs Ségalas, née à Paris en 1814. Poète, écrivain remarquable, auteur dramatique, elle collabora à diverses publications, où elle donna des contes, des nouvelles. Ses meilleurs contes ont été réunis par elle sous ce titre : *Contes du nouveau palais de cristal*. Elle écrivit des feuilletons pour *le Constitutionnel* et *la Patrie*. Ses pièces de théâtre furent accueillies avec succès soit à l'Odéon, soit à la Porte-Saint-Martin.

Ses poésies sont marquées d'une empreinte vigoureuse, bien rare de la part d'une femme. Telle est, par exemple, l'ode qu'elle adressa *à une tête de mort* et qui commence par ces vers :

> Squelette, qu'as-tu fait de l'âme ?
> Foyer, qu'as-tu fait de ta flamme ?
> Cage muette, qu'as-tu fait
> De ton bel oiseau qui chantait ?
> Volcan, qu'as-tu fait de ta lave ?
> Qu'as-tu fait de ton maître, esclave ?...

Nous arrêtons ici la citation, qui suffira peut-être pour donner une idée de la poésie de Mme Anaïs Ségalas, en rappelant que l'auteur de ces vers est une femme, et que cette femme n'avait alors que vingt ans.

CHAPITRE VIII

XIXe SIÈCLE *(Suite.)*

George Sand. — Mme Henry Gréville. — Mme Alphonse Daudet. — Mme Gagneur. — Mme Jacques Rozier. — Mme Mary Summer — Mme de Witt. — Mme Gustave Haller. — Mme de Chabrillan. — Mme Martel. — Mme Craven. — Mme Emmeline Raymond. — Mme Charles Bigot. — Mme Adam.

« Cet accident de quitter le sein de ma mère « m'arriva à Paris le 16 messidor an XII (5 juil- « let 1804), un mois juste après le jour où mes « parents s'engagèrent irrévocablement l'un à « l'autre. » C'est en ces termes que George Sand annonce elle-même sa naissance, dans ses mémoires qu'elle publia en 1854, dans *la Presse,* sous ce titre : *Histoire de ma vie.* Fort intéressants, ces mémoires, quand ils parurent, trompèrent un peu l'attente du public, toujours avide, sinon de scandales, du moins de révélations piquantes. L'auteur lui offrait au contraire l'histoire exubérante de son développement intime et philosophique, peu d'anecdotes et beaucoup de psychologie.

Donc, Amantine-Lucile-Aurore Dupin était née à Paris en 1804. Par sa famille paternelle, elle descendait de Maurice de Saxe, fils naturel d'Auguste II, roi de Pologne, et d'Aurore de Kœnigsmark. Sa grand'mère, fille naturelle de Maurice, veuve du comte de Horn, épousa en secondes noces M. Dupin de Francueil, fermier général. De ce mariage naquit Maurice Dupin, officier distingué de la République et de l'empire, qui mourut d'une chute de cheval en 1808, quatre ans après la naissance de sa fille Aurore. Cette filiation la constitue « d'une manière illégi« time, mais fort réelle, — ainsi qu'elle se plaît « à le constater elle-même, — proche parente « de Louis XVIII et de Charles X ». Pour ce qui regarde sa mère, Antoinette-Victoire-Sophie Delaborde, le lecteur n'aura qu'à consulter les nombreux documents accumulés dans *l'Histoire de ma vie.*

Élevée au château de Nohant, près de La Châtre (Indre), par sa grand'mère, Mme Dupin, qui avait les idées du dix-huitième siècle et pratiquait, en fait d'éducation, les doctrines de Jean-Jacques, la jeune Aurore vécut en pleine liberté jusqu'à l'âge de treize ans, mêlée aux autres enfants de la campagne. Elle jouait avec eux, se faisait des idées d'égalité parfaite et de communauté absolue, aimant cette vie de la campagne, adorant d'instinct la poésie des scènes champêtres. Il y avait en elle d'ailleurs, d'après ses premiers souvenirs, une disposition singulière à sortir de la vie réelle par l'imagination. Tout enfant, elle inventait des histoires sans fin. Les contes de la veillée alimentaient de plus en plus cette disposition, et, lorsqu'elle apprit l'histoire, elle se livra avec plaisir à cette étude qui lui offrait une source inépuisable de développements poétiques et de jugements enthousiastes.

Des contestations survenues entre sa mère et sa grand'mère mirent un terme à cette éducation en plein air. Aurore Dupin fut envoyée à Paris, au couvent des Augustines anglaises de la rue des Fossés-Saint-Victor. Pendant les trois années qu'elle y passa (1817-1820), elle manifesta tour à tour les diverses tendances de sa nature sensible, si facilement impressionnable. Aujourd'hui on la voit remuante, tapageuse, faisant tout à la fois l'admiration et le désespoir de ses maîtresses, marchant en tête de celles qu'on appelait *les diables* parmi les pensionnaires, puis le lendemain, sur une exhortation qui la touche, à la suite d'une lecture de l'évangile, on la verra s'éprendre d'une dévotion ardente, elle aura des scrupules de conscience, elle voudra se faire religieuse, jusqu'à ce qu'une autre impression, qui ne tardera pas à se présenter, vienne l'entraîner dans une nouvelle direction. C'est ainsi, par exemple, qu'elle organisa un petit théâtre dans le couvent et divertit la communauté avec des extraits de Molière.

De retour à Nohant, son imagination naturellement exaltée ne fit que se surexciter davantage par le genre de vie auquel elle se livra avec plus d'ardeur que jamais. Elle courait la campagne à cheval, sans autre règle que son caprice, suivie d'un petit paysan et s'abandonnant à toute la rêverie de ses méditations. Le reste de son temps, elle s'absorbait dans la lecture des œuvres de Chateaubriand, de Leibnitz, de Byron, de Shakespeare, mais surtout de J.-J. Rousseau. C'est lui qui décida d'elle ; il fut le point de départ de ses travaux d'esprit. *L'Émile, la Profession de foi du vicaire savoyard, les Lettres de la montagne, le Contrat social* et *les Discours* la séduisirent absolument.

Cette existence dura une année après laquelle elle eut la douleur de perdre sa grand'mère. Le caractère irritable de sa mère l'épouvantait au point qu'elle voulut rentrer au couvent, mais on la maria, presque malgré elle (1822), à Casimir, baron Dudevant, militaire retraité, devenu gentilhomme campagnard, et qui mourut en 1871, près de Nérac, à l'âge de soixante-seize ans. Elle eut de lui deux enfants, un fils, Maurice, artiste et littérateur, et une fille, Solange, qui épousera le statuaire Clésinger, pour s'en séparer ensuite.

En 1831, une séparation volontaire eut lieu entre la baronne Dudevant et son mari. Elle vint habiter Paris avec sa fille, et chercha à se créer des ressources qui lui permissent de mener une vie indépendante. Elle fit des traductions, dessina des portraits, peignit des fleurs et des oiseaux d'ornement sur des tabatières et des étuis à cigares en bois de spa, mais tout ce travail était peu lucratif ; elle eut alors l'idée d'écrire. Puis, afin de pouvoir circuler librement dans Paris et surtout d'aller aux théâtres, elle reprit le costume d'homme qu'elle avait longtemps porté dans son enfance.

Elle fut présentée à Kératry, qui lui déclara que la carrière des lettres ne convenait pas à une femme. Elle fit part de ses projets littéraires à Balzac, qui n'y prêta aucune attention. Elle fut mieux accueillie d'un de ses compatriotes, Delatouche, qui la prit comme collaborateur au *Figaro*. Mais cette espèce de travail avait le double inconvénient de lui coûter beaucoup de peine et de temps, et de lui rapporter bien peu.

Or, avant sa rupture avec son mari, elle avait connu à Nohant un jeune homme aux généreux sentiments, aux nobles aspirations. Ces deux esprits, si bien faits pour se comprendre, n'avaient pas tardé à se confondre dans une communion mutuelle de sentiments et d'idées. Ce jeune homme s'appelait Jules Sandeau ; il avait accompagné à Paris la baronne Dudevant. Les deux amis unirent leurs forces, et, grâce à Delatouche, leurs premiers travaux, faits en collaboration, parurent dans le *Figaro* sous le pseudonyme de *Jules Sand*, abréviation de Sandeau. Ces articles furent d'ailleurs peu remarqués.

Ce fut encore sous le nom de Jules Sand qu'une nouvelle, *la Prima donna*, fut insérée dans *la Revue de Paris*, et que parut, bientôt après, leur premier roman de longue haleine, *Rose et Blanche*. Ce premier pas décisif fut aussi le terme de leur collaboration. Après cet essai de leurs forces, les deux amis se sentent assez sûrs d'eux-mêmes, et ils iront, chacun de son côté, conquérir tous deux dans les lettres une noblesse glorieuse et durable.

C'est à Henri Delatouche que la baronne Dudevant dut de faire paraître son roman *Indiana*, écrit tout entier par elle (1832), et pour conserver en partie le pseudonyme sous lequel le premier roman avait réussi. Delatouche fabriqua à l'auteur le nom de George Sand, que le plus éclatant succès devait consacrer à tout jamais.

Ce livre, comme il en est généralement de ceux qui annoncent l'apparition d'une nouvelle puissance littéraire, eut de suite des admirateurs enthousiastes et aussi de nombreux détracteurs. Voici ce qu'en dit elle-même George Sand en faisant remonter ses souvenirs de vingt ans en arrière : « Dieu merci ! j'ai oublié jusqu'aux noms
« de ceux qui, dès mon premier début, tentaient
« de me décourager et qui, ne pouvant dire
« que cet humble début fût une platitude com-
« plète, essayèrent d'en faire une proclamation
« incendiaire contre le repos des sociétés. Je ne
« m'attendais pas à tant d'honneur, et je pense
« que je dois à mes critiques le remerciement
« que le lièvre adressa aux grenouilles, en s'ima-
« ginant, à leurs terreurs, qu'il avait droit de se
« croire un foudre de guerre ». Après *Indiana*, parut *Valentine*, dans la même année, puis, en 1833, *Lélia*, écrit sous le coup d'un abattement profond après les massacres de Varsovie, l'émeute avortée de Paris et les ravages du choléra.

Lélia reflétait déjà les émotions poétiques, les inquiétudes, sinon les déceptions, qu'elle éprouvait dans le commerce d'Alfred de Musset. Elle visita l'Italie avec lui, s'éprit de passion pour Venise (1834), et raconta les péripéties, les impressions de ce voyage dans plusieurs romans, particulièrement dans *les Lettres d'un voyageur,* — *Jacques,* — *André,* — *Leone Leonie,* — *Simon.* La réputation croissante de Mme Sand avait attiré auprès d'elle un grand nombre d'amis et entre autres plusieurs chefs des principales écoles qui se disputaient alors l'honneur de diriger le monde social dans la voie du progrès. Chacun d'eux, pour ainsi dire, trouva dans l'auteur d'*Indiana* une élève docile, facilement impressionnable à leurs idées et admirablement douée pour vulgariser leurs doctrines humanitaires et sociales. Elle n'était, à vrai dire, selon l'expression d'Henri Delatouche, « qu'un écho qui embellissait la voix. »

Dès 1835, elle connut dans le Berri l'avocat Michel (de Bourges), qu'elle désigne sous le nom d'Évrard, et qui lui prêcha le républicanisme, l'unité de la vérité sociale et religieuse, mais la troubla par des exagérations d'idées. L'impression de Lamennais fut plus nette et plus profonde. Pierre Leroux, qu'elle vit alors, ne devait agir sur son esprit que plus tard.

Vers cette époque, sa situation avec son mari s'empira. Un jugement du tribunal prononça leur séparation et attribua à la mère l'éducation des deux enfants. Le baron Dudevant fit appel, puis se désista. C'est à la suite de ce jugement qu'elle fit un voyage en Suisse et écrivit de Chamounix sa *Dernière Lettre d'un voyageur*. Elle perdit sa mère au retour.

Elle connut alors Frédéric Chopin, l'illustre pianiste, avec qui elle passa huit années, et fit avec lui (1838) le voyage de l'île de Majorque, qu'elle a raconté. Dans les cinq années précédentes, elle avait donné à *la Revue des Deux-Mondes* : *le Secrétaire intime*, — *Lavinia*, — *Métella*, — *Mattéa*, — *la Marquise*, — *Mauprat*, — *la Dernière Aldini*, — *les Maîtres mosaïstes*, — *l'Uscoque*.

Pauline (1840) fut le dernier récit qu'elle fournit à cette époque à *la Revue des Deux-Mondes*. On lui refusa le roman politique d'*Horace* qu'elle porta à *la Revue indépendante*, créée par Pierre Leroux, et qui y parut après celui de *Consuelo*.

Les premiers volumes de ce dernier roman eurent une vogue immense, mais *la Comtesse de*

Rudolstadt, qui en était la suite, rencontra beaucoup moins de lecteurs. Laissant alors de côté les théories philosophiques, G. Sand revint à la politique sociale, dont elle s'étudia à présenter les aspects attrayants dans *le Compagnon du tour de France*, — *le Meunier d'Angibault* et surtout *le Péché de M. Antoine*, etc.

George Sand était trop véritablement artiste, trop éprise d'idéal pour rester longtemps à la remorque des idées d'autrui et persévérer dans un genre qui n'ajoutait rien à sa réputation. Comme tous les grands artistes, d'ailleurs, elle eut plusieurs manières. Après le roman de passion et le roman socialiste, elle se fraya une voix nouvelle qui ne fut pas la moins glorieuse pour sa renommée. Dès 1846, au moment où l'on signalait déjà dans ses écrits des traces de lassitude et de faiblesse, *la Mare au Diable* vint surprendre et charmer le public. En rajeunissant le roman pastoral, Mme Sand lui ouvrait une voie pleine de fraîcheur, de grâce et d'enseignements moraux. Un peu auparavant, *Jeanne* avait été une sorte de tentative dans cette manière. *François-le-Champi*, *la Petite Fadette*, que Saint-Marc Girar-

din appela *les Géorgiques de la France*, et quelques autres comme *la Filleule, Mont-Revêche, les Maîtres sonneurs*, achevèrent de séduire les esprits. « Quand j'ai commencé par *la Mare au Diable*
« dit-elle, je n'ai eu aucun système, aucune pré-
« tention révolutionnaire en littérature. Personne
« ne fait une révolution à soi tout seul, et il en
« est, surtout dans les arts, que l'humanité accom-
« plit sans trop savoir comment, parce que c'est
« tout le monde qui s'en charge. Mais ceci n'est
« pas applicable au roman de mœurs rustiques ;
« il a existé de tout temps et sous toutes les
« formes, tantôt pompeuses, tantôt maniérées,
« tantôt naïves. Je l'ai dit, le rêve de la vie cham-
« pêtre a été, de tout temps, l'idéal des villes
« et même celui des cours. Je n'ai rien fait de
« neuf en suivant la pente qui ramène l'homme
« civilisé aux charmes de la vie primitive..... »

La Révolution de février 1848 arracha momentanément George Sand à l'art et au travail. Elle crut à la réalisation de ses rêves et prêta le secours de sa plume à ses amis politiques alors au pouvoir. Elle rédigea, en partie du moins, *les Bulletins de la République*, et fonda même un journal hebdomadaire : *la Cause du peuple.* Mais ce moment d'effervescence passé, elle revint au roman et aborda même le théâtre.

Sa première pièce, *Cosima,* ou *la haine dans l'amour,* ne réussit pas à la Comédie-Française. Une pièce de circonstance, *le Roi attend,* n'eut guère plus de succès ; mais, en 1849, le drame de *François-le-Champi,* joué à l'Odéon, triompha de toutes les préventions du public. Bientôt après, le drame de *Claudie* emporta les suffrages de la critique la plus hostile. On a eu depuis : *le Mariage de Victorine,* — *les Vacances de Pandolphe,* — *le Démon du foyer,* — *Molière,* — *le Pressoir,* — *Mauprat,* et bien d'autres. Mais on ne peut omettre *le Marquis de Villemer,* dont le succès, pendant toute l'année 1864, fut un des plus grands de l'auteur.

Le drame fantastique, *le Drac,* au Vaudeville, en collaboration avec M. Paul Meurice, fut moins bien accueilli vers la fin de la même année. G. Sand a encore fait jouer, avec le même collaborateur, un drame tiré de son roman : *les Beaux Messieurs de Bois-Doré.* Citons encore *le Don Juan de village,* comédie faite en collaboration avec son fils, M. Maurice Sand, puis *le Lis du Japon, Cadio, la Petite Fadette*, etc.

En 1858, George Sand avait fait sa rentrée dans *la Revue des Deux-Mondes*, avec le récit d'*Elle et Lui*, œuvre remarquable, autour de laquelle on souleva un scandale peu justifié, et qui n'était qu'un dernier hommage au souvenir toujours cher d'Alfred de Musset.

Les productions de George Sand sont innombrables. Contentons-nous de citer encore : *le Château des Désertes*, — *les Dames vertes*, — *l'Homme de Neige*, — *Jean de la Roche*, etc., etc.

Après avoir fait un séjour momentané à Palaiseau (Seine-et-Oise), George Sand se retira définitivement dans son château de Nohant, où s'écoulèrent les dernières années de sa vie. C'est là que la mort vint la trouver, le 7 juin 1876. Elle fut inhumée dans un caveau de famille. Ses obsèques eurent lieu, à l'église du village, au milieu d'un petit groupe d'amis et du concours empressé des paysans dont elle s'était fait aimer.

Quelques jours après sa mort, la Chambre autorisait une souscription nationale pour lui élever un monument. L'année suivante, une statue, due au ciseau de M. Clésinger, gendre de Mme Sand, était placée dans le foyer du Théâtre-Français, pendant que M. Aimé Millet était chargé d'exécuter une autre statue en marbre blanc, destinée à la ville de La Châtre, près de Nohant.

De nombreux jugements ont été portés sur George Sand et son œuvre littéraire. Il n'est guère de critique qui n'ait rencontré ce nom sous sa plume et qui n'en ait profité pour lui adresser des éloges avec ou sans réserves. Plusieurs de ces jugements sont très remarquables et pour en citer quelques-uns, nous n'aurions que l'embarras du choix. Mais il nous paraît plus intéressant de remonter de cinquante ans en arrière et de donner quelques extraits d'un article paru vers 1836 ou 1837 et dû à la plume de Jules Janin, « le prince des critiques », comme il se désignait lui-même alors, avec plus de vérité sans doute que de modestie.

« Or, — dit-il, — quelque temps après la révo-
« lution de Juillet, et dans ces jours turbulents
« où par un soudain caprice du peuple, cette
« royauté, qui se croyait éternelle, avait aussi

« violemment été brisée et renversée que si c'eût
« été par un coup de foudre, un beau petit jeune
« homme, à l'œil vif et sûr, à la brune cheve-
« lure, à la démarche intelligente, vif, souriant,
« curieux et svelte, entrait à Paris. Il avait pour
« lui son ardeur, sa beauté, sa jeunesse, son
« courage et l'espérance. Ce qu'il venait chercher
« à Paris, il l'ignorait lui-même. Il y venait
« chercher la poésie, des passions pour son cœur,
« des larmes pour ses yeux, des émotions pour
« son esprit, des paroles et des couleurs pour sa
« pensée. D'où venait-il ? Que vous importe ?
« Il venait d'où viennent les poètes et les
« grands écrivains à coup sûr. Que laissait-il
« derrière lui ? Que vous importe encore ?
« Il laissait derrière lui tout ce qu'on laisse quand
« on dit adieu à la vie et à sa famille, il laissait
« le repos, le sommeil et le bonheur... Figurez-
« vous, encore une fois, un joli petit jeune
« homme, d'un esprit audacieux, au vaste front
« prédominant et plein d'intelligence, animé,
« curieux, sérieux, flaneur, heureux et fier d'être
« libre, comme l'enfant qui sort du collège, plein
« d'esprit, plein de passion, plein de cœur, plein

« d'avenir, mais ignorant de l'avenir, tel était
« George Sand. »

Puis Janin nous initie à la production de son premier roman, écrit en collaboration avec Sandeau :

« Après le premier moment de réflexion, l'en-
« fant se mit à l'œuvre comme un homme d'ac-
« tion qu'il était. Il fit un roman en quatre vo-
« lumes, écrit tout d'une haleine, et il le jeta
« pêle-mêle et en toute confiance au milieu
« d'idées bonnes ou mauvaises. Il tenait sa
« plume ; il n'avait jamais été si heureux, ni si
« jeune. Quand ce premier roman fut achevé,
« il fallait trouver un libraire. Alors, prenant sa
« canne et son chapeau, et après avoir relevé
« de son mieux ses longs et épais cheveux bruns,
« George Sand alla voir l'eau couler, et le vent
« souffler, et les jolies filles parées reluire au
« soleil.

« Cependant, à force de chercher un libraire,
« il s'en trouva un qui, voyant un auteur si alerte
« et si dégagé lui proposer en riant *un mauvais*
« *roman, écrit en moins de quinze jours,* consentit
« à tenter l'aventure et voulut bien hasarder

« quatre cents francs sur les quatre volumes de
« cet auteur inconnu qui riait si volontiers de
« lui-même et de son livre. — Quatre cents francs
« pour quatre volumes de moi, c'est beaucoup,
« disait George Sand, et l'argent *du malheureux*
« *libraire* fut, toujours en riant, jeté dans un coin
« de la chambre, jusqu'à ce qu'il fût parti, écu
« par écu. »

Malgré la longueur des citations, l'appréciation de Janin, qui d'ailleurs ne nomme pas Jules Sandeau, sur ce premier roman, est fort curieuse et mérite d'être rapportée :

« Ce premier roman, *Rose et Blanche*, ressem-
« ble tout à fait à un livre qui serait écrit par deux
« plumes différentes et dont l'alliance était impos-
« sible... C'est en effet une chose étrange qui
« embarrassera très fort les critiques à venir,
« quand on leur dira : Voici un livre écrit par un
« homme et par une femme ; dites-nous quelles
« sont les pages écrites par celui-ci, et quelles
« sont les pages écrites par celle-là? Et aussitôt
« les Saumaises futurs se mettront à l'œuvre.
« Et voyant d'un côté des pages simples, rem-
« plies de pudeur et de retenue, ils diront : A

« coup sûr, ceci est l'œuvre d'une femme ! Et
« voyant des chapitres entiers, furibonds, em-
« portés, tout nus, et remplis des plus chauds
« détails de la passion, et qu'on dirait écrits par
« une main de fer avec une plume de fer, ils
« diront : A coup sûr, c'est un homme et un
« homme fort qui a écrit ces lignes ! Or, si les
« critiques disent cela, ils se tromperont deux
« fois, ils attribueront à l'homme ce qui est à la
« femme, et à la femme ce qui est écrit par le
« jeune homme. Jamais on n'aura préparé plus
« de tortures aux Saumaises futurs que George
« Sand. »

Nous ne suivrons pas J. Janin dans les jugements qu'il porte sur *Indiana*, *Valentine*, *André*, qu'il proclame trois chefs-d'œuvre, ni dans son appréciation sur *Lélia*, qu'il critique très sévèrement et qu'il appelle : « atroce livre, tout sen-
« suel, qui se noue et se dénoue au moyen d'une
« courtisane et d'un galérien. » Mais personne n'a guère contredit, depuis cinquante ans, ce jugement formulé par le « prince des critiques » sur la prose de George Sand :

« Sa plume est tour à tour passionnée, éner-

GEORGE SAND

« gique, calme, violente, amoureuse ; elle parle
« toujours, même dans ses plus grands éclats, la
« plus belle langue française, c'est-à-dire la plus
« correcte. Nul ne peut nier que tous les hon-
« neurs du style lui appartiennent. »

Il est toujours extrêmement délicat de parler des auteurs vivants. Quels jugements porter sur eux ? Combien de torts commis dans un sens d'éloge ou de blâme, la postérité se chargera-t-elle de redresser ?

La difficulté devient plus grande encore quand ces auteurs sont des femmes. Elle s'accroît de tout le respect avec lequel il convient d'en parler. Et pourtant, de nos jours, il en est un bon nombre qui tiennent la plume d'une main aussi ferme qu'élégante et qui se font dans les lettres un nom justement célèbre. Les nommer toutes est presque impossible ; faire un choix, n'est-ce pas avoir l'air d'exclure les autres, qui peut-être se reconnaissent les mêmes droits à figurer dans une galerie contemporaine ?

Tel est pourtant le parti auquel il faut nous résigner, en déclarant toutefois que notre choix n'a rien d'exclusif.

Ces réserves faites, nous nous arrêterons à quelques noms, parmi lesquels nous rencontrons d'abord celui de Mme Henry Gréville. C'est sous ce pseudonyme que s'est fait connaître Mme Durand (Alice-Marie-Céleste-Henry). Née à Paris en 1842, elle reçut dans la maison paternelle une instruction brillante, conforme aux programmes de nos lycées. A l'étude des langues anciennes, elle unit la connaissance de plusieurs langues modernes. Quand son père partit pour Saint-Pétersbourg, où il devint professeur de littérature française à l'Université et à l'École de droit, elle le suivit en Russie. Elle profita de ce séjour pour apprendre la langue du pays et en étudier les mœurs, qu'elle ne tarda pas à décrire. Déjà elle avait publié quelques nouvelles dans les journaux russes, lorsqu'elle épousa M. Durand, l'un des professeurs français de l'École de droit.

Rentrée en France en 1872, elle écrivit avec ardeur, sur des sujets empruntés à la vie russe, des nouvelles et des romans qui furent accueillis dans *la Revue des Deux-Mondes, le Journal des Débats, le Figaro, le Temps,* etc.

Citons parmi les nombreux romans parus sous

le nom d'Henry Gréville : *Dosia,* — *l'Expiation de Savéli,* — *Suzanne Normis,* — *Nouvelles russes,* — *les Épreuves de Raissa,* — *l'Amie,* — — *le Violon russe,* — *Rose Rozier,*— *les Koumiassine,* — *Perdue,* etc.

A la gloire de son mari, Mme Alphonse Daudet, née Allard, ajouta la sienne propre. Elle collabora au *Musée universel* et à *l'Événement,* sous les pseudonymes de *Rose-Lise* et de *Madeleine.* Elle donna également des revues littéraires au *Journal officiel,* sous le nom de Karl Sten. C'est une partie de ces articles qu'elle réunit sous ce titre : *Impressions de nature et d'art* (1879). Ce titre est par lui-même des plus heureux et d'une remarquable justesse. Ce sont de véritables impressions, et, ce qui est plus rare qu'on ne pense, des impressions saisies au vol et rendues avec une vérité saisissante et une exquise délicatesse de style. Quoi de plus charmant, de plus vivant que les cinquante pages de *l'Enfance d'une Parisienne?*

Faut-il citer un exemple? Voici, entre tant d'autres tableaux qui ne lui cèdent en rien, une entrée dans un bal d'enfants : « ... Déjà, dès en

« entrant, on entendait un peu de musique, des
« petits pieds ébranlant le parquet et des bouf-
« fées de voix confuses. Je prends la main d'une
« petite Alsacienne en corsage de velours, et
« maintenant voici l'éblouissement des glaces, des
« clartés. Le piano étouffé, assourdi par les voix
« de ce petit monde assemblé, cette confusion de
« la grande lumière qui faisait sous le lustre toutes
« les lumières flottantes à force d'intensité, les
« rubans, les fleurs, les bruyères blanches des
« jardinières, les visages animés et souriants, tout
« m'est resté longtemps ainsi qu'un joli rêve avec
« le vague des choses reflétées, comme si, en
« entrant, j'avais vu le bal dans une glace, les
« yeux un peu troublés par l'heure du sommeil. »
En quoi de telles peintures sont-elles inférieures
à celles de l'auteur du *Nabab*?

Puis, dans *les Fragments d'un livre inédit*, ce
ne sont plus de lointains souvenirs, mais ses impressions récentes qu'elle fait passer de son âme
dans celles de ses lecteurs. « C'est, suivant son
« expression, de l'écriture appliqué eaux émo-
« tions du foyer; » et elle est sincère et vraie quand
elle dit d'elle-même qu'elle est « de la race peu

« voyageuse, mais voletante, de ces moineaux
« gris nourris d'une miette aux croisées et chan-
« tant pour l'écart lumineux de deux nuages. »

Mᵐᵉ Alphonse Daudet n'est ni moins colo-
rée, ni moins charmante dans ses *Études littéraires*, qui sont encore les impressions d'une
femme de cœur et d'une femme d'esprit, ni dans
ses *Notes et impressions* en prose et en vers, qui
ont suivi *l'Enfance d'une Parisienne*.

Voilà déjà un peu plus de vingt ans que nous
devons presque chaque année un roman à
Mᵐᵉ L. M. Gagneur. Rappelons entre autres :
la Croisade noire (1864), — puis, après *le Cal-
vaire des femmes*, *les Forçats du Mariage*, — *le
Divorce*, — *Chair à canon* (en 1872). Il faut encore signaler, depuis cette époque : *les Vierges
russes*, — *le Roman d'un prêtre*, et *la Fournaise*
qui parut l'année dernière.

C'est encore une femme, Mᵐᵉ Jules Paton
qui, sous le pseudonyme de Jacques Rozier, publia *la Princesse Cléo*, — *l'Impasse Oberkampf*, —
le Divorce de Sarah Moor, et, dans ces derniers
temps, *la Justicière*.

Mᵐᵉ Foucaux, sous le nom de Mary Summer, a

publié de jolies et gracieuses études orientales : *les Religieuses bouddhistes,* — *les Héroïnes de Kalidasa et celles de Shakespeare,* — *Contes et légendes de l'Inde ancienne,* etc.; il n'est pas exagéré de dire que l'érudition ne peut être ni plus aimable ni plus attrayante.

Après des contes, des nouvelles, des poésies pour les jeunes filles, Mme de Witt s'est élevée plus haut ; elle a abordé avec succès la biographie et l'histoire, dans des ouvrages comme : *M. Guizot dans sa famille,* — *Une belle Vie : Mme Jules Mallet,* — *les Chroniqueurs de l'Histoire de France.*

Sous le pseudonyme de Gustave Haller, Mme Gustave Fould, ancienne actrice au Théâtre-Français sous le nom de Mlle Valérie, débuta dans les Lettres par une comédie, *le Médecin des Dames.* Elle obtint plus de succès dans plusieurs romans : *le Bleuet,* avec une préface de George Sand, — *le Clou au couvent,* — *le Sphinx aux perles.*

C'est encore à une actrice, Mme la comtesse de Chabrillan, que nous devons de nombreuses pièces de théâtre : comédies, vaudevilles, opérettes, et aussi quelques bons romans. Née en

1820, Mlle Céleste Renard se fit bientôt connaître à Paris sous le nom de « Céleste Mogador », chantée par Nadaud dans sa chanson longtemps populaire des « Reines de Mabille » :

> Dans ton rapide essor,
> Je te suis, Mogador ;
> Partage mon destin,
> Fille des cieux. ... et du quartier Latin.

Le temps, depuis, a semé l'oubli sur ces lointains souvenirs, et la jeune fille « si belle d'élégance » s'est acquis d'autres titres de noblesse. Après son mariage avec le comte de Chabrillan, elle prit au théâtre le nom de M. Lionel, du petit nom de son mari. Elle publia d'abord en cinq volumes ses *Adieux au monde, ou Mémoires de Céleste Mogador* (1854). Citons parmi ses derniers ouvrages : *les Crimes de la mer*, — *les Revers de l'amour*, — *les Forçats de l'amour*, — et enfin *Un Drame sur le Tage* (1885).

Les ouvrages de Mme Martel, publiés sous le nom de Gyp, sont trop connus du public pour qu'il soit à peine besoin d'en parler et encore moins de les apprécier. Qu'il suffise de nommer : *Autour du Mariage*, — *Petit Bob*, — *Sans voiles*, — *le Druide*, — *Le plus heureux de tous*, etc.

Nous rentrons avec Mme Augustus Craven dans un genre absolument différent. Nous passons du rire à la mélancolie, de l'esprit léger et mondain à l'esprit contemplatif et recueilli, du monde où l'on s'amuse au monde où l'on médite. Citons de Mme Craven : *Éliane,* — *Fleurange,* — *Réminiscences,* — *Récit d'une sœur,* etc.

Nous rencontrons également dans ce genre une femme douée d'une très remarquable facilité de style, d'une riche et féconde imagination, Mme Emmeline Raymond. Née en 1820, elle assura par ses articles et ses nouvelles le succès de *la Mode illustrée* depuis sa fondation en 1860. Elle fut aussi la directrice de la *Bibliothèque des mères de famille,* créée dans la pensée d'offrir aux jeunes filles des ouvrages d'une lecture attrayante, inspirés par une pensée morale. Elle s'adjoignit Mlle Maréchal, Eugénie Marlitt, la vicomtesse de Pitray, née de Ségur, Mlle Marie Poitevin, etc. Mais Mme Raymond prit pour elle-même la plus lourde tâche et produisit une vingtaine de volumes parmi lesquels nous signalerons : *la Bonne Ménagère,* — *Un Mariage parisien,* — *les Rêves dangereux,* — *le Secret des Parisiennes,* etc. — Ce n'est là qu'un bien faible aperçu des productions de Mme Emmeline Raymond. L'auteur tient encore sa plume d'une main juvénile et étonne toujours ses lecteurs par la fécondité d'une imagination qui se prodigue sans s'épuiser.

La vie des journalistes a ses charmes, mais elle ne va pas non plus sans ennuis : elle est parfois bien rude, laborieuse toujours. Heureux ceux qui, dans leurs heures de lassitude, sentent près d'eux l'influence salutaire et bienfaisante d'une Béatrix qui les comprenne, les encourage, leur donne un nouveau stimulant. Nous ne prétendons nullement formuler une exception, nous espérons au contraire que tel est le sort commun de la plupart des hommes de lettres, mais il nous semble, en tout cas, que c'est bien celui de M. Charles Bigot. C'est aussi sous un pseudonyme, celui de J. Mairet, que Mme Ch. Bigot vient de faire paraître un roman *Une Folie*, qui lui donne droit assurément de prendre place parmi les femmes écrivains et sera, espérons-le, suivi de bon nombre d'autres qui ne feront qu'affirmer de plus en plus son succès.

Faut-il répéter encore que nous n'avons pas la prétention d'être complet. Bien des noms sont oubliés. Bien des femmes tiennent entre leurs doigts effilés une plume qui sait écrire des pages ravissantes. Mais, outre la nécessité de se borner, il suffit croyons-nous, d'avoir passé en revue les principaux genres de la littérature, en signalant, parmi les femmes, celles qui s'y sont distinguées par un mérite spécial.

En terminant ce travail, nous faisons instinctivement un retour en arrière. Notre pensée se reporte vers les grands salons littéraires des âges précédents. Il nous semble revoir Mme de Rambouillet accueillant les auteurs, les dirigeant, les encourageant. Nos mœurs ont subi depuis bien des changements, de profondes transformations. Serait-il donc passé le temps où des femmes se mettaient en tête du mouvement littéraire de leur siècle, exerçant sur leur société une influence large, indiscutable ? Nous ne le croyons pas, et, en formulant cette question, un nom se présente de lui-même à notre pensée et sous notre plume, le nom de Mme Adam. Et non contente de faire de son salon un centre d'action littéraire, Mme Edmond Adam a sur sa devancière, la marquise de Rambouillet, le mérite de joindre l'exemple à la parole. Si un bon nombre d'auteurs doivent à son inspiration le succès de leurs livres, ses propres ouvrages lui assurent à elle-même une place distinguée parmi les femmes auteurs de notre temps.

Pénétrée d'enthousiasme et, pour ainsi dire, d'un culte passionné pour les idées généreuses de l'ancienne Grèce, elle rattache, elle adapte à ce monde antique nos idées contemporaines. Dans ses romans, elle anime ses personnages des sentiments qui faisaient battre le cœur des citoyens d'Athènes. « Ce rêve grec, personne ne l'a em-
« brassé avec plus de ferveur, nourri avec plus
« de prédilection, exprimé avec plus d'enthou-
« siasmes ; personne n'a mieux ramené et ratta-
« ché à ce rêve antique ses sentiments et ses pen-
« sées même les plus modernes ; personne n'a
« mieux donné à cette piété d'artiste l'apparence
« d'un culte morale et d'une foi directrice de la
« vie ; personne ne s'est mêlé avec plus de joie à
« la procession des Panathénées que Mme Juliette
« Lamber. » (M. J. Lemaître.)

Nous ne nous en plaignons pas et il est plus d'un cœur qui a senti vibrer en lui cette fibre patriotique en lisant *Grecque,* — *Laide,* — et surtout *Paienne.*

« Quant à *Paienne,* — dit encore l'auteur que
« nous venons de citer, — ce n'est qu'un long et
« brûlant duo d'amour, sans fable ni incidents
« extérieurs, et même sans drame intérieur ; car
« les amants ont à peine une heure de doute et
« passent leur temps à faire en eux-mêmes ou
« l'un dans l'autre des découvertes qui les ravis-
« sent. Il fallait de l'audace et je ne sais quelle
« candeur passionnée pour concevoir et entre-
« prendre un livre de cette sorte. »

Et le même critique ajoute cette réflexion à laquelle nous nous rallions pleinement :

« Ainsi l'œuvre de Mme Juliette Lamber n'est
« que l'hymne triomphant des sentiments hu-
« mains les plus nobles et les plus joyeux : l'a-
« mour de l'homme et de la femme (*Paienne*),
« l'amour de la patrie (*Grecque*), l'amour de la
« beauté (*Laide*), et partout l'amour de la nature,
« et partout le culte des dieux grecs. »

Ces titres seraient plus que suffisants pour fon-

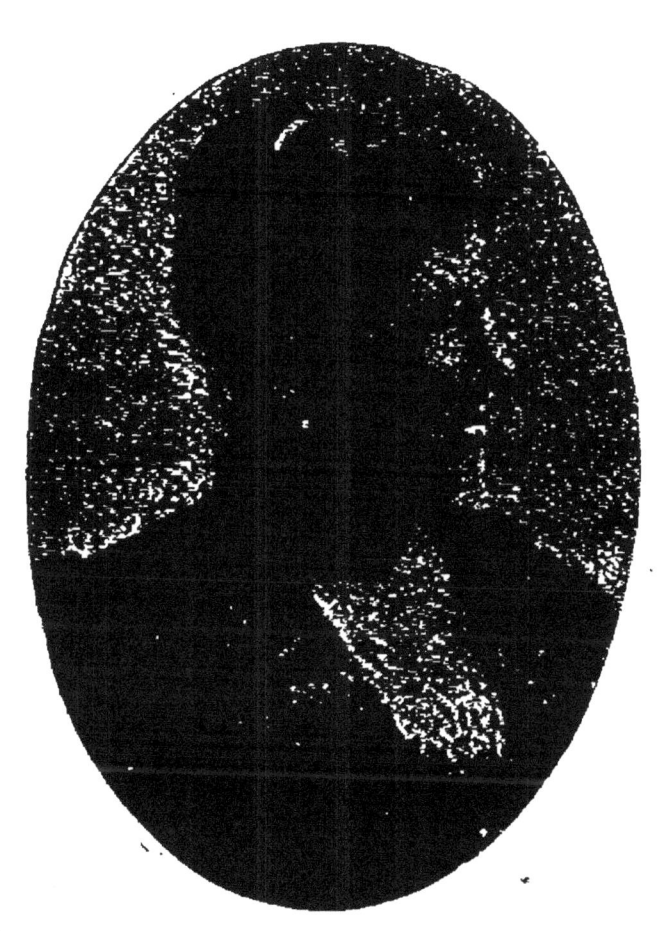

Mᵐᵉ JULIETTE ADAM

der une réputation littéraire, mais Mme Adam en a bien d'autres qu'il n'est point permis de méconnaître. Sans même parler de la *Nouvelle Revue* dont elle est l'âme et l'inspiratrice, que de grâces dans sa *Chanson des nouveaux époux!* Que de charmes dans les souvenirs personnels qu'elle nous transmet dans ce volume, *la Patrie hongroise!* Qui ne s'intéresse à ce recueil de nouvelles qu'on appelle *Récits d'une paysanne* et qui renferme des chapitres tels que : *Germain, — le Moulin Gervais, — Fagoton, — Jean et Sidonie, — Denis le lettré,* etc.?

Et Mme Adam nous réserve encore, sans doute, d'autres surprises, ou, si l'on aime mieux, d'autres primeurs attendues des gourmets.

P. L. Courier a dit quelque part que la moindre femmelette du dix-septième siècle écrivait mieux que nos grands hommes d'aujourd'hui. Si c'est un compliment qu'il a voulu adresser aux nobles dames du siècle de Louis XIV, il s'est trompé assurément, et un tel sentiment n'est flatteur ni pour les hommes, ni pour les femmes. Il ne paraît pas que les femmes du dix-huitième siècle aient mal écrit non plus, ni que, dans notre

siècle, Mmes de Staël et George Sand aient été inférieures à leurs devancières. Pour nous, un sentiment tout contraire se dégage de l'étude que nous venons de faire. Nous ne dirons pas que, en général, les femmes peuvent surpasser ou même égaler les hommes dans les productions littéraires ; il leur manquera, presque toujours, cette originalité puissante de création, et même, dans la forme, ce qu'on peut appeler le don du pittoresque. A part cela, elles ont tout : l'esprit, la finesse, la délicatesse, la grâce, un coloris qui leur est propre, et souvent aussi de l'éclat, de l'ampleur, de la vigueur. Mais nous constatons aussi que leur éducation plus complète, plus intelligente, tend de plus en plus à les rapprocher de l'homme, et que chaque jour le nombre augmente de celles qui peuvent se dire les émules ou les rivales de nos meilleurs écrivains. Nous faisons des vœux pour voir ce mouvement s'accentuer davantage encore. Ce sera la réalisation du souhait que Louise Labé, « la belle cordière », formait au seizième siècle : « Outre la réputation que
« notre sexe en recevra, nous aurons valu au
« public que les hommes mettront plus de peine

« et d'étude aux sciences vertueuses, de peur
« qu'ils n'aient honte de voir précéder celles
« desquelles ils ont prétendu être toujours supé-
« rieurs quasi en tout ». Et, pour terminer par
un mot emprunté à une des femmes écrivains de notre temps, nous dirons que ce n'est
pas seulement dans leurs salons, mais aussi dans
leurs livres que les femmes peuvent être « aimables
« par leurs qualités et par leurs défauts sédui-
« sants ». L'expérience n'est plus à faire : qu'elles
continuent.

APPENDICE

Mme Allart de Méritens. — Mme d'Altenheim. — Mme Ancelot. — Mme Constance Aubert. — Mme Olympe Audouart. — Mlle Léonie d'Aunet. — Mme Blanchecotte. Mme Alix Bressant d'Artigues. — Mme Ackermann. — Mme Daniel Stern. — Mlle Clémence Robert. — Mme Rattazzi. — Mmes de Witt. — Mme de Rémusat.

Nous l'avons dit dans le cours de ce livre : Nous ne pouvons avoir la téméraire prétention d'être complet, et forcément nous devions nous attendre à des omissions, à des oublis regrettables. C'était vrai, et, pendant que les chapitres précédents étaient sous presse, bien d'autres noms se sont présentés à notre esprit, surtout parmi les femmes auteurs de notre siècle, à qui leur mérite littéraire aurait dû assurer une place plus honorable que celle que nous pouvons leur consacrer dans un appendice. Nous espérons cependant qu'on nous saura gré de ce supplément dans lequel nous nous bornerons presque à une simple nomenclature.

Nous citerons donc, au courant de la plume, Mlle Hortense Allart, née à Paris en 1801. Sa mère, qui avait traduit plusieurs ouvrages de l'anglais, s'était chargée de l'éducation de sa fille. En 1843, elle épousa M. Louis de Méritens qui lui laissa toute liberté de suivre ses attraits pour les lettres. Mme de Méritens écrivit des romans parmi lesquels il faut signaler *la Conjuration d'Amboise*, qui marqua ses débuts dans la carrière littéraire, — *Gertrude*, — *Sextus ou le Romain de Marennes*, — *l'Indienne*, — ses *Lettres sur Mme de Staël*; — elle publia aussi diverses études historiques, telles que *Lorenzo de Médicis*, — *l'Histoire de la République d'Athènes*, etc.

Mlle Gabrielle Soumet naquit aussi à Paris, en 1814. Elle était fille unique de l'auteur de *la Divine Épopée*, et à vingt ans elle épousa M. Beuvain d'Altenheim. De bonne heure elle avait manifesté son penchant pour la poésie. Il est à remarquer que le premier recueil qu'elle publia, en 1838, sous le titre de *Nouvelles filiales*, date de son enfance. Souvent même, dans le monde, on s'était plu à lui en faire réciter des fragments. Elle fit plusieurs pièces de théâtre : *le Gladiateur*, *Jane Grey*, tragédies; — un poème : *Berthe Bertha*; — et des *Récits de l'Histoire d'Angleterre*, *les Marguerites de France*, *les Quatre Siècles littéraires*, etc.

Mme Ancelot (Marguerite-Louise-Virginie Chardon, de Dijon) ne s'occupa guère de littérature qu'après son mariage avec M. Ancelot. C'est alors, d'après son propre aveu, « qu'elle s'amusa à arranger avec lui quelques petites pièces, ne cherchant dans cette collaboration secrète que le plaisir d'exprimer ses idees. » Il est donc difficile de savoir dans quelles proportions elle contribua au succès des vaudevilles de M. Ancelot. Ses véritables débuts personnels remontent au *Mariage raisonnable* (1835). Les années suivantes, elle donna au Théâtre-Français plusieurs comédies en prose que Mlle Mars joua avec le plus grand succès. Sa première, et aussi son chef-d'œuvre traduit dans les principales langues, fut *Marie ou Trois Epoques* (1836) ; — puis *le Château de ma Nièce* ; — *Isabelle*. Son *Théâtre complet*, publié en 1848, comprend vingt pièces, dont plusieurs furent favorablement accueillies aux Variétés, au Gymnase et au Vaudeville. Parmi ses romans, les plus goûtés furent *Rénée de Varville* et la *Nièce du Banquier* (1853). Ajoutons une *Famille parisienne*, *le Baron de Fresmontiers*, un *Salon de Paris* (1865), etc.

Mlle Constance Junot d'Abrantès, fille aînée de la duchesse d'Abrantès, n'est connue en littérature que sous le nom de Constance Aubert, par suite de son mariage avec M. Louis Aubert, ancien garde du corps et capitaine d'infanterie en retraite. En 1843, elle fonda *les Abeilles parisiennes*, devenues plus tard *les*

Abeilles illustrées. Elle rédigea longtemps *le Bulletin des Modes* au journal *le Temps*, et publia, en 1865, un petit manifeste sur le luxe : *les Femmes sages et les Femmes folles*.

Ce fut en cette même année que Mme Olympe Audouard fonda *le Papillon*, puis, deux ans après, *la Revue cosmopolite* (1867). Née à Aix vers 1830, elle épousa, fort jeune, un notaire de Marseille dont elle fut bientôt séparée judiciairement. Elle satisfit dès lors son goût pour les voyages, visita l'Égypte et vint demeurer a Paris vers 1860, après un séjour plus ou moins long à Constantinople et à Saint-Petersbourg.

Les voyages de Mme Audouard et divers incidents de sa vie ont servi de matière à ses livres et à ses romans : *Comment aiment les hommes*, — *un Mari mystifié*, — *les Mystères du sérail et des harems turcs*, — *les Mystères de l'Égypte dévoilés*, — *l'Orient et ses peuplades*, — *Gynécologie*, — *les Nuits russes*, etc.

Comme la précédente, Mme Biard (Léonie d'Aunet), morte à Paris en 1879, à l'âge de cinquante-neuf ans, avait été separee judiciairement de son mari, en 1845.

C'est sous son nom de jeune fille qu'elle fit représenter à la Porte-Saint-Martin le drame de *Jane Osborn*, et qu'elle publia des feuilletons dans *le Journal pour tous, le Courrier de Paris, le Siècle, la Presse*, etc.

Nous rencontrons également dans le journalisme, vers la même époque, Mme Blanchecotte (Augustine-

Malvina Souville). Elle se fit d'abord connaître par une collaboration fréquente à divers journaux ou revues, surtout au *Constitutionnel*, à *la Revue de France* et au *Journal Officiel*. Elle publia également des recueils poétiques fort estimés. Ses poésies, *Rêves et Réalités* (1856), furent couronnées par l'Académie française. Signalons encore du même auteur : *Tablettes d'une femme pendant la Commune*, — *Impressions d'une femme*, — *Le long de la vie*, — *les Militantes*, etc.

Nous ne ferons que nommer Mme Alix Bressant, veuve du prince russe Kotschoubey et mariée en secondes noces à M. d'Artigues, préfet de l'Ariège, en 1878. Parmi ses essais littéraires, son roman de *Gabrielle Pinson* fut très vanté. Elle écrivit encore *Une Paria* et fit paraître, en 1874, *le Manuscrit de Mlle Camille*.

C'est surtout grâce à Géruzez, ainsi qu'à MM. Caro et Havet que les *Contes* et les *Poésies* de Mme Ackermann furent mis en lumière. Louise-Victorine Choquet était née à Paris en 1813, d'une famille de Picardie. De bonne heure elle avait manifesté son goût pour la poésie. Dans un voyage qu'elle fit en Allemagne, elle épousa M. Paul Ackermann, jeune théologien qui, par ses études mêmes, fut détaché de la foi chrétienne. Mme Ackermann a écrit une autobiographie dont il a circulé des fragments.

Mme Marie de Flavigny, comtesse d'Agoult, est

beaucoup plus connue sous le pseudonyme de Daniel Stern. C'est sous ce nom, qu'elle prit pour ne le plus quitter, qu'elle publia dans la Revue des Deux-Mondes et plus tard dans l1 Revue Indépendante de P. Leroux et G. Sand, des études remarquables sur l'etat politique et intellectuel de l'Allemagne. Déjà ses premiers débuts avaient fait quelque sensation : c'étaient deux simples nouvelles, Hervé (1841) et Valentia (1842), publiées dans le journal la Presse. Nous ne parlerons pas de ses incursions dans le domaine de la politique. Nous préferons signaler son roman passionné de Nélida, son meilleur ouvrage en ce genre. La comtesse d'Agoult mourut à Paris en 1876, à l'âge de soixante-onze ans.

Outre de nombreux romans, tels que Nana Sahib, les Amants du Père-Lachaise, et tant d'autres dont l'énumération serait longue, Mlle Clémence Robert a donné quelques drames, notamment Château et Chaumière, — l'Héritage du Château, — la Chambre de feu.

Marie-Studolmine Bonaparte, fille de la princesse Létitia Bonaparte, née en Irlande, fut élevée en France et mariée, en 1850, à un riche Alsacien, Frédéric de Solms, que des raisons politiques firent séparer de sa femme, quatre ans plus tard. Sous le nom de [princesse Marie de Solms, celle-ci vécut en Savoie et à Nice, intimement liée avec Eugène Sue et Ponsard, et en correspondance suivie avec Lamennais et Béranger. C'est à elle que le journal, *les Matinées d'Aix,* dut sa fondation, et elle y inséra des romans, des proverbes dramatiques et de nombreuses pièces de vers. A Genève, en 1859, elle fit paraître de petits poèmes, tels que *la Dupinade, les Chants de l'exilée,* qu'elle dédia à Victor Hugo. Rentrée à Paris, elle écrivit des courriers et des causeries pour divers journaux, particulièrement pour *le Constitutionnel, le Pays, le Turf.* A la suite d'un voyage en Italie, elle épousa M. Urbain Rattazzi (1863), sans que ce mariage ralentît en rien son activité littéraire. Elle fonda des journaux et publia de nombreux articles, sous divers pseudonymes. Parmi ses romans, il convient de citer : *Mademoiselle Million, — le Piège aux Maris, — les Mariages de la Créole,* etc. On cite comme essais dramatiques : *les Suites d'un Ménage de garçon, — Une Livre de chair, — Aux pieds d'une femme, — Amour et Cymballes, — Quand on n'aime plus trop, on n'aime plus assez.*

Nous avons parlé déjà de Mme Conrad de Witt (Henriette Guizot), née à Paris en 1829. C'etait la fille aînée de M. Guizot. Elle etait bien jeune encore quand elle perdit sa mère; elle fut élevée par sa grand'mère et épousa, en 1850, M. Conrad de Witt. Elle ne tarda pas à se faire connaître par un grand nombre d'ouvrages d'éducation et par des traductions de l'anglais. Signalons encore parmi ses œuvres : *Seuls ! ou la volonté du cœur* (1879), *— Un Nid,* etc. Plusieurs de ses ouvrages ont paru dans *le Journal de la Jeunesse;* d'autres font partie de *la Bibliothèque rose.* On lui doit encore un *Abrégé des Chroniques de Froissart* (1880).

Sa sœur, Pauline Guizot, dame Cornelis de Witt, née à Paris en 1831 et morte à Cannes en 1874, a également donné plusieurs traductions ou des ouvrages, dont quelques-uns furent revus par M. Guizot. De ce nombre, on cite : *Guillaume le Conquérant ou l'Angleterre sous les Normands,* — *la Fondation de la République des Provinces-Unies,* etc.

Le nom de M. Paul de Rémusat, sénateur français, fils de François-Marie-Charles, comte de Rémusat appartient à la littérature aussi bien qu'à la politique. Collaborateur actif de *la Revue des Deux-Mondes,* il fut aussi rédacteur du *Journal des Débats,* où il a donné de savants articles. En 1877, il publia un drame, *Abélard,* œuvre posthume de son père, et, en 1879, il fit paraître en trois volumes *les Mémoires de Mme de Rémusat,* sa grand'mère, mémoires qui obtinrent un vif succès et jetèrent un jour si curieux et si nouveau sur le premier empire. Cette dame, Claire ou Clary de Rémusat, née à Paris en 1780 et morte dans la même ville en 1821, était fille du comte Gravier de Vergennes, qui périt sur l'échafaud, pendant la Terreur. Sa veuve se retira à la campagne, dans la vallée de Montmorency, où elle dirigea l'éducation de ses filles. L'aînée, Claire, était sérieuse, aimait l'étude, cultiva les lettres et apprit le latin. Sainte-Beuve a tracé d'elle un portrait fort étudié, dont nous croyons devoir reproduire quelques coups de pinceau :

« Sa physionomie, dit-il, et la forme de ses traits accusaient un peu fortement peut-être ce sérieux intérieur dans les goûts, qu'il ne faudrait pourtant pas exagérer et qui ne sortait pas des limites de son âge. Sa figure régulière s'animait surtout par l'expression de très beaux yeux noirs ; le reste, sans frapper d'abord, gagnait plutôt à être remarqué, et toute sa personne paraissait mieux, à mesure qu'on la regardait davantage. Elle devait observer dès lors cette simplicité de mise à laquelle elle revint toujours dès qu'elle le put, et qui n'était jamais moins qu'une négligence décente. Je ne sais si, comme plus tard, ses cheveux ramenés voilaient le front qui avait eu son éclat. » En 1796, à l'âge de seize ans, elle épousa le comte Auguste-Laurent de Rémusat, qui vint habiter Sannois avec sa belle-mère. Celle-ci, née de Bastard, et femme de beaucoup d'esprit, était en relations avec Mme de Beauharnais. Elle continua ces relations lorsque la veuve du général eut épousé Bonaparte, et ce fut grâce à cette liaison que M. de Rémusat fut nommé préfet du palais du premier consul, pendant que sa jeune femme était nommée dame du palais de Joséphine. La comtesse de Rémusat était alors dans tout l'éclat de sa beauté.

Bonaparte la distingua, malgré la méfiance que lui inspirait la supériorité de cette femme, qui ne craignait pas de discuter avec lui, de le contredire parfois. Pendant les heures de liberté que lui laissait son service auprès de Joséphine, Mme de Rémusat écrivait des nouvelles, des romans, et surtout elle notait au jour le jour ce qu'elle voyait à la Cour impériale. On conçoit dès lors le charme attrayant de ses *Mémoires*, où elle nous fait coudoyer avec elle tous les personnages marquants que l'on voyait alors à Saint-Cloud ou aux Tuileries. Sous la Restauration, le salon de la comtesse de Rémusat continua à être très recherché, mais, vieille avant l'âge, elle fut enlevée prématurément à ses amis, en décembre 1821.

Aux ouvrages que nous avons déjà cités de Mme Augustus Craven, il convient d'ajouter son nouveau roman, *le Valbriant*, dont le succès s'accuse par la rapidité avec laquelle les premières éditions ont été épuisées.

ADDITION

Page 113, ligne 20. — François Adhémar, comte de Grignan, qui épousa Mlle de Sevigne, était l'aîné d'une très ancienne et très illustre famille de Provence. Il descendait des Castellane, qui remontaient très haut, plus haut même que les croisades. Le 6 novembre 1675, Mme de Sevigné écrivait à son gendre : « Je vois un Adhemar qui était un grandissime seigneur, il y a six cents ans... Je vois aussi un Castellane,... il n'y a que cinq cent vingt ans qu'il faisait aussi une très grande figure! » Le père du comte de Grignan, Louis Gaucher de Castellane Adhémar, avait épousé en 1628 Marguerite d'Ornano, fille aînée d'Alphonse d'Ornano, seigneur de Mazargues. Avant d'épouser Mlle de Sévigné, M. de Grignan avait éte marié, une première fois, à la *précieuse* Angélique-Clarisse d'Angennes, fille cadette de Mme de Rambouillet, dont il eut deux filles ;

et une seconde fois, à Angélique du Puy du Fou, qui ne lui laissa pas d'enfants. De son mariage avec Mlle de Sévigné, le comte de Grignan eut encore une fille qui devint plus tard Mme de Simiane. Le nom de Grignan était éteint, ou plutôt il n'etait plus porté que par l'évêque de Carcassonne, qui mourut en 1722. Depuis lors il n'y eut plus de Grignan, quoique, selon la remarque de Saint-Simon, l'extinction de la maison n'etait pas à craindre, tant il subsistait encore des Castellane. Saint-Simon disait vrai : la maison etait la même ; et, aujourd'hui encore, il est permis aux représentants de Castellane d'être fiers du nom de Mme de Sévigné, parmi tant d'alliances glorieuses que compte cette famille à travers les siècles.

TABLE DES MATIÈRES

CHAPITRE PREMIER

INTRODUCTION

Utilité et intérêt particulier de cette étude.—Elle éclaire l'ensemble de notre histoire littéraire. — L'influence exercée par les femmes dans les Lettres grandit avec les progrès de la civilisation moderne. — La place qu'elles ont occupée à Athènes et à Rome. — Témoignage de Plutarque. — Respect particulier des Gaulois pour leurs femmes. — Motifs de ce respect et influence qu'il accorde aux femmes dans ces temps barbares. . . 1

CHAPITRE II

LES FEMMES ÉCRIVAINS AU MOYEN AGE

Les Femmes et la Chevalerie. — Éducation des femmes au moyen âge. — Judith, deuxième femme de Louis le Débonnaire. — Dodane. — La reine Constance. — Les Chansons de Geste. — Marie de France. — Les Cours d'amour. — Curieux exemple de Tenson. — Héloïse. —

Les Écoles de filles au moyen âge. — Les premiers ouvrages en français écrits par des femmes. — Marguerite de Duyn. — Agnès d'Harcourt. — Gabrielle de Bourbon, la belle Laure, Jehanne Filleul, Clémence Isaure. — Christine de Pisan. — Le Baiser de Marguerite d'Écosse à Alain Chartier 14

CHAPITRE III

FRANÇOIS Ier ET LA RENAISSANCE

Activité de ce siècle. — Marguerite de Valois. — L'Heptaméron. — Marguerite de France. — Ses Mémoires. — Louise Labé, la belle Cordière. — Le Débat de Folie et d'Amour. — Clément de Bourges. — Pernette du Guillet. — Les Dames des Roches. — Georgette de Montenay. — Catherine de Parthenay. — Élisenne de Crenne. — Suzanne Habert. — Modeste Dupuis. — Philiberte de Fleurs. — La demoiselle de Gournai. — Curieuse anecdote 38

CHAPITRE IV

SIÈCLE DE LOUIS XIV

Mme de Rambouilllet. — Mlle de Scudéry. — Mme de Motteville. — Mme de Nemours. — Mlle de Montpensier. — Ninon de Lenclos. — Mme Deshoulières 78

CHAPITRE V

SIÈCLE DE LOUIS XIV (*Suite*).

Mme de Sévigné. — Ses Lettres. — Mme de La Fayette. — La princesse de Clèves. — Mme de Villedieu. — Aventures romanesques. — Mme de Lambert. — Mme d'Aulnoy. — Mlle de La Force. — Mme Guyon. — Les Sœurs Arnault. — Mme Dacier 105

CHAPITRE VI

XVIIIe SIÈCLE

Mme Du Châtelet. — Mme Du Deffant. — Mlle de Lespinasse. — Mme Doublet. — Mme Geoffrin. — Mme Du Boccage. — Mme Graffigny. — Mme Riccoboni. — Mme de Tencin. — Mme Durand et quelques autres. — Mme Cottin. — Mme de Genlis. — Mme Roland 133

CHAPITRE VII

XIXe SIÈCLE

Mme de Staël. — Son enfance, sa vie politique et littéraire, ses œuvres. — Mme Dufrénoy. — Mme Amable Tastu. — Mme de Bawr. — Mme de Bradi. — Mme Desbordes-Valmore. — Mme Sophie Gay — Mme Émile de Girardin. — Mme Louise Colet. — Mme Clémence Robert et plusieurs autres. — Mme Anaïs Ségalas. . 190

CHAPITRE VIII

XIXe SIÈCLE (*Suite*).

George Sand. — Mme Henry Gréville. — Mme Alphonse Daudet. — Mme Gagneur. — Mme Jacques Rozier. — Mme Mary Summer. — Mme de Witt. — Gustave Haller. Mme de Chabrillan. — Mme Martel. — Mme Craven. — Mme Emmeline Raymond. — Mme Ch. Bigot — Mme Juliette Adam 222

APPENDICE

Mme Allart de Méritens.— Mme d'Altenheim.— Mme Ancelot. — Mme Constance Aubert. — Mme Olympe Audouart. — Mlle Léonie d'Aunet. — Mme Blanchecotte. — Mme Alix Bressant d'Artigues. — Mme Ackermann. — Mme Daniel Stern. — Mlle Clémence Robert. — Mme Rattazzi. — Mmes de Witt. — Mme de Rémusat . . .   257

ADDITION

Note sur la famille de Grignan.   267

EN VENTE A LA MÊME LIBRAIRIE

REVUE D'ART DRAMATIQUE
DIRECTEUR : EDMOND STOULLIG.

Rédigée par les plus éminents critiques : F. Sarcey, Auguste Vitu, H. de Lapommeraye, Henri Fouquier, Jules Lemaître, etc., etc., et par les professeurs de l'Université, les plus connus par leurs travaux littéraires. La *Revue d'Art Dramatique* paraît le 1er et le 15 de chaque mois. Chaque numéro contient plusieurs articles de fond, une critique dramatique de M. Emile Morlot, une chronique musicale de M. Albert Soubies, des courriers de Londres, Bruxelles, Berlin, Vienne, Madrid, etc. — Curiosités théâtrales. — Bibliographie (savantes études critiques sur les nouvelles publications concernant l'histoire de notre littérature dramatique et des littératures étrangères).

Abonnement : Paris, 25 fr. — Départ., 27 fr. — Étrang., 28 fr.
Sur papier de Hollande 40 fr.
Prix le numéro . . . . . . 1 fr. 25

COLLECTION HISTORIQUE UNIVERSELLE :

Histoire de la critique littéraire en France, par Henri Carton, gr. in-18 .... 2 fr.
Histoire de la Comédie en France, depuis les origines jusqu'à nos jours, par C. Barthélemy, gr. in-18.......... 2 fr.
Histoire critique de la peinture en France, par V. D'Halle 2 fr.
Histoire de la dette publique, par Emile Rebouis, archiviste-paléographe, docteur en droit, gr. in-18 ... ... 2 fr.
Histoire de la Médecine, par L. Barbillon, interne des hôpitaux de Paris, gr. in-18... .... 2 fr.
Le même, traduction espagnole, gr. in-18........ ...... 2 fr.

ANDREW LANG
LA MYTHOLOGIE

Traduite de l'anglais par M. Léon Parmentier, avec une préface et des notes, par M. Charles Michel, professeur à la Faculté des lettres de Gand, et des additions de l'auteur. Gr. in-18. 3 fr. 50

MISS CORNER
HISTOIRE ROMAINE

Traduite de l'anglais par MM. Clérieux et Piloux.
Grand in-18,......... 3 fr. | Cartonné.......... 3 fr. 50

PRÉCIS DES INSTITUTIONS POLITIQUES DE ROME
Par Emile M. MORLOT
DOCTEUR EN DROIT, AUDITEUR AU CONSEIL D'ÉTAT
Grand in-18...... . ... 3 fr. 50

VICTOR HUGO ET M. RENAN
Par M. Lefranc.......... 0 fr. 60

BRAVOS ET SIFFLETS
Aggravés d'une préface, par M. Arthur HEULHARD
Grand in-18......... 3 fr. 50 | Tirage sur Hollande.... 7 fr.

Saint-Quentin — Imprimerie J. Moureau et Fils.

www.ingramcontent.com/pod-product-compliance
Lightning Source LLC
Chambersburg PA
CBHW070539160426
43199CB00014B/2295